KB062899

생각 쑥!
역량 쑥!

교과연계
주제선택
수업

②

생각 쑥! 역량 쑥! 교과연계 주제선택 수업 2

초판 1쇄 2022년 3월 15일

글쓴이 강소연·어혜림·왕희성·이아람·이어진·이은수·이은영·이혜성·장은영·정운기
본문 삽화 최희경(춘천 우석중학교 교사) 편집 이부섭 디자인 구민재page9
펴낸곳 도서출판 단비 펴낸이 김준연 등록 2003년 3월 24일(제2012-000149호)
주소 경기도 고양시 일산서구 고양대로 724-17, 304동 2503호(일산동, 산들마을)
전화 02-322-0268 팩스 02-322-0271 전자우편 rainwelcome@hanmail.net

ⓒ 강소연 외, 2022
ISBN 979-11-6350-058-2 03370

생각 쑥!
역량 쑥!

교과연계
주제선택
수업 ②

김소연 · 어혜림 · 왕희성
이아람 · 이어진 · 이은수
이은영 · 이혜성 · 장은영
정운기 지음

단비
danbi

차례

나만의 주제가 있고
선택이 있는 수업 만들기!

천미경 강원도교육청 교육국장

교과서 위주의 교사 중심 수업 시대가 지나고 있다. 학생 참여 중심 수업뿐만 아니라 학생 주도적으로 공부할 수 있는 수업이 필요한 시대가 오고 있다. 빠르게 변화하고 있는 미래사회에서 살아갈 학생들에게 아는 것을 바탕으로 실생활에서 적용할 수 있는 역량을 키워주는 수업이 필요한 시대이다. 이제 수업에서도 나만의 브랜드가 필요하다. 성취기준이 같은 수업 내용이라도 학생과 학교 상황에 맞추어 매년 새롭게 수업을 설계하여 운영하는 것이 중요하다.

《생각 쑥! 역량 쑥! 교과연계 주제선택 수업 2》는 작년에 이어 교과와 연계한 다양한 주제로 선생님들의 생생한 주제선택 수업 이야기를 담고 있다. 강원도 작은 학교와 큰 학교에서 선생님들의 수업에 대한 고민을 통해서 수업 설계를 하고, 실패와 성공의 수업 운영 과정을 알 수 있다. 이 책에서는 학생들의 성장뿐만 아니라 도전과 열정이 있는 선생님들의 성장 경험도 볼 수 있다. 각 과목에서 주제를 정한 이유, 수업 계획, 수업에 활용 학습지, 수업 결과 등을 통해 책을 읽는 사람도 간접경험을 하고 배울 수 있다.

중학교 자유학기제는 교사들이 학생 참여 중심의 다양한 수업으로의 실천을 확산시켰다. 교과연계 주제선택 수업은 중학교 자유학기, 연계학기, 프로젝트 수업에서 활용할 수 있다. 교사는 주제선택 수업을 통해 학생들의 교과에 대한 흥미를 높이고, 주제에 대해 자기 주도적으로 깊이 있는 공부를 할 수 있는 경험을 줄 수 있다. 앞으로 고등학교에서는 고교학점제가 실시되고 교사 교육과정이 확대될 예정이다. 중학교의 교과연계 주제선택 수업을 통해 학생의 선택을 넓혀주고 역량을 키우는 수업이 확대되기를 바란다. 이 책이 교사가 교과와 연계한 다양한 주제로 두려움 없이 새로운 수업 방법을 시도해 보는 디딤돌이 되리라 기대한다.

영어책 짓기를 통해 의사소통 능력을 기르고, 사회시간에 모의재판을 통해 법과 소통하며, 음악 시간에 나만의 악기를 만들어 즐겁게 연주한 학생들이 미래 삶의 주인공으로 살아가는 행복한 모습을 기대해 본다.

교사가
교육과정이다!

김현섭 수업디자인연구소 소장

최근 교육부에서 2022 개정 교육과정 총론의 방향을 발표하였다. 여기에는 중학교에서도 학교 자율시간을 확보하고 학교장이 다양한 선택과목을 개설하여 운영할 수 있도록 명시하고 있다. 이미 일부 교육청에서는 학교 자율과정, 자율 탐구 과정, 학교 교과목 개설 정책이 추진되고 있다. 지금까지 국가 교육과정을 학교, 교사 교육과정으로 전환하는 데 있어서 '교육과정 재구성'을 강조해 왔지만, 여기에서 한발 더 나아가 학교 특색 과목을 개설할 수 있는 '교육과정 개발'까지 할 수 있게 된 것이다. 교사가 주어진 교과서대로 가르치는 것에서 벗어나 직접 교재를 만들어서 수업을 할 수 있는 시대로 전환되고 있는 상황이다. 학교와 교사의 교육과정 자율성이 확대될수록 교사의 교육과정 디자인 역량이 더욱 강조될 수밖에 없다. 이러한 맥락에서 교사의 교육과정 디자인 역량을 발휘하기 위해서 중학교 자유학기제 주제선택 수업은 매우 중요하다.

그런데 교사 입장에서 막상 주제선택 수업을 내실 있게 운영하려고 하면 고민이 되는 부분들이 많다. 이러한 상황에서 중학교 자유학기제 주제선택 수업의 다양한 실천 사례를 담은 이번 책은 중학교 선생님들에게 큰 도움이 되리라 생각한다. 특히 교과 교사로서 교과와 연계하여 다양한 내용을 담아 풀어가는 노력이 필요한데, 이 책에서는 이러한 실천 경험을 풍부하게 담아냈다. 국어과 책읽기와 문예 창작, 영어과 영어 동화책 읽기와 영어 연극, 수학과 알지오매스를 활용한 작도 수업, 사회과 민주시민 교육과 모의재판 수업, 과학과 항공과 요리 수업, 음악과 악기 수업, 미술과 공공 미술 프로젝트 수업 등이 실려 있는데, 실질적인 도움이 되리라 생각한다. 이미 전작인 《교과연계 주제선택 수업》에서도 좋은 내용이 많이 있어서 현장 선생님들에게 큰 도움이 되었는데, 후속으로 기획된 이 책에도 풍성한 수업 이야기가 실려 있어서 더욱 기대된다. 이 책은 주제선택 수업을 자기 교과와 연계하여 기존 교과수업에서 담지 못한 내용을 오히려 풍성하게 채울 수 있는 기회가 될 것이다. 교육과정 디자인 자체가 목적이 아니라 교육과정 디자인을 통해 학생들의 배움이 현재보다 더욱 풍성한 배움으로 연결되어야 한다. 《교과연계 주제선택 수업 2》를 통해 학생들이 행복한 배움을 경험하고 교사의 전문성을 기를 수 있는 기회가 되길 바란다.

국어

이은영

문학을 풀꽃처럼 사랑하라

온전한 책 읽기 북트레일러 주제선택 수업

수업 소개 ──────────────────────

책 한 권을 온전하게 읽은 후, 책을 소개하는 영상인 북 트레일러를 제작하는 수업
이다. 사진, 영화, 그림, 음악을 활용하여 책 읽는 즐거움을 스스로 깨닫고 글귀가
밝아지게 만드는 데 그 목적이 있다. 포노 사피엔스의 삶을 살고 있는 학생들이 미
디어를 바르게 읽고 쓰고 능숙하게 다룰 수 있는 능력을 독서 활동을 통해 제대로
발휘할 수 있도록 수업을 구성하였다.

온전한 책 읽기
북트레일러
주제 선택 수업

선생님만 즐거운 국어 시간?

누구에게나 학창 시절 기억에 남는 수업이 하나쯤 있지 않을까? 잘생긴 외모 덕분에 항상 설렘을 주시던 체육 선생님, 칠판 한가득 정갈한 글씨체로 정리를 잘해 주시던 영어 선생님, 빨간 입술로 절대 화술을 펼치시던 지리 선생님, 만담꾼처럼 재미있는 표정으로 이야기를 자주 해 주시던 과학 선생님. 하지만 그중에서도 가장 최고의 수업은 고등학교 시절 국어 시간이었다.

다른 은사님들은 선생님의 모습 그 자체가 떠오르지만, 국어 선생님을 떠올리면 선생님의 수업 장면이 먼저 생각난다. 벌써 30여 년이 다 되어 가지만 추억한다는 것 자체로 여전히 말랑말랑한 기분이 들게 하는 수업이다. 국어 선생님께서는 다른 교과 선생님들과는 확실히 좀 달랐다. 야간 자율 학습 시간, 앞문을 열고 쏙 들어오셔서 탁탁탁 소리와 함께 시 구절 하나를 칠판에 무심하게 적고 나가셨다. 자습 시간의 적막을 깨는 분필 소리와 함께 공부로 지친 여고생들의 마음을 그렇게 글로 위로해 주셨다. 글쓰기 수업 진행 방식이나 우리에게 던지시는 질문의 형태도 좀 달랐다. '햇빛'과 '햇볕', '햇살'의 차이가 무엇일까? 일상생활에서는 별 차이 없는 비슷한 색깔의 단어였지만 국어 시간에는 모두 각각의 존재로 세심하게 관찰하게 하셨다. 항상 먼저 답을 가르쳐 주시기보다 스스로 의미를 찾아보게 하는 수업을 하셨는데, 이는 국어 교사인 나에게 나침반이 되었다. 그래서 무의식 속에서 내가 지향해야 할 국어 수업으로 삼고 지내왔다.

나는 적어도 국어 수업에서만큼은 딱 떨어지는 정답만을 구하게 하고 싶지 않았다. 그래서 국어 교과서 이외의 읽기 자료와 사진이나 영상 자료를 기웃거릴 때가 많았다. 아마 사진과 영화, 그림 감상을 좋아하는 지극히 사적인 지적 호기심 영향도 있을 것이다. 대학생 시절 극장에서 밤을 새며 심야 영화를 자주 보았고, 비디오테이프를 잔뜩 빌려와 보는 시간이 무척 행복했다. 《씨네21》를 정기 구독하고 미술관 가는 것도 좋아했다. 화가 이름이나 회화 기법, 미술사도 모르지만 그저 감상하는 것이 좋았다. 그림을 보면서 숨겨진 의미를 찾아내고 상상하는 짜릿함이 있었다. 그래서 자유학기 주제선택 활동 수업을 고민할 때 내가 좋아하는 매체와 미디어와 연계하여 심화시키는 과정은 어쩌면 당연한 흐름이었다.

하지만, 이상이 현실이 되는 일은 참 어렵다. 어떨 때는 나만 즐거운 국어 시간이 아닐까? 라는 생각이 들 때가 있다. 국어 교사로서의 방향을 잃고 머뭇거리게 되는 순간이나 그야말로 망친 수업을 하고 나와 자책할 때 드는 생각이다. 교사는 학생들이 기꺼이 배우고 있는 모습을 볼 때 신이 난다. 하지만 속을 알 수 없는 표정으로 멍하니, 그저 앉아만 있는 학생들을 볼 때 '학생들의 삶 속에 스며든 문학, 능동적인 평생 독자, 문학을 통한 성찰과 공감 나누기'라는 거대하고도 야무진 나의 목표가 산으로 가고 있는 느낌이다.

어쩌다 보니 최근 5년 동안 자유학년제 업무를 맡으면서 다른 학년이 아닌 1학년 아이들과 국어 수업을 하며 지냈다. 다행히도 평가에서 비교적 자유로운 학년이라 보다 자율적으로 수업을 구상할 수 있었는데 교과연계 활동인 주제선택 활동으로 '문학사랑반'을 운영하면서 수업의 결을 다양하게 변주할 여유가 생겼다. 자유학년제가 중학교 교육과정으로 자리를 잡았지만 여전히 다른 활동 영역에 비해 교과연계 주제선택 활동 수업을 어려워하는 분들이 많다. 나 또한 처음 수업을 시작할 때 무엇을 어떻게 다루고 심화시켜야 할지 막막하기만 했다. 그래서 10년 동안 함께 한 '책이랑국어교과연구회' 선생님들께 도움을 요청하기도 하고 다양한 책들을 선정해 읽어 보기도 했는데, 이제는 제법 나만의 수업을 만들어 가고 있는 듯하다. 교과연계 주제선택 활동을 구성하는 데 어려움을 겪고 있는 선생님들에게 감히 조언해 본다면, 선생님 자신이 가장 좋아하는 것을 학생들과 함께하라고 말하고 싶다. 선생님이 좋아하는 분야를 교과적 특성과 연결하시면 된다.

포노 사피엔스로 가득 찬 교실

포노 사피엔스 종족인 학생들은 책읽기를 지루해한다. 빠른 속도로 손가락으로 휙휙 넘길 수 있어야 하고 이미지와 영상이 난무한 이야기가 편하다. 잔잔한 문자만으로 내용에 집중하기가 너무 힘들다. 읽지도 못하는데 독후활동을 어찌하라는 건지….

자세히 보아야 예쁘다
오래 보아야 사랑스럽다.
너도 그렇다.

나태주 시인의 시처럼 '문학'을 '자세히 보고 오래 보게 하면' 책에 대한 약간의 사랑이라도 생겨날 수 있을까?
3월 주제선택 활동 첫 시간, 아이들에게 했던 질문이 생각난다.

"책 좋아하는 사람?"

학생 21명 중 대여섯 명만 겨우 손을 든다.

"그럼 문학을 사랑하는 사람?"

도대체 선생님의 의도를 모르겠다는 표정이다. 정말로 책이 좋아서 선택했다는 아이를 그저 이해할 수 없다는 듯 신기하게 쳐다보는 아이들. 책은 별로 안 좋아하는데 엄마가 책 좀 읽어야 한다고 하여 '문학사랑반'을 선택당해 온 아이들. 웹툰은 즐겨 보는데 책 한 권을 제대로 끝까지 읽어 본 적이 없다는 아이들. 국어 시간에 읽은 책이 지금까지 읽은 책의 전부라는 아이들.

문학에 대한 애정지수가 다소 소박한 이 아이들이 문학을 사랑하게 하려면 어떻게 해야 할까? 나의 경우를 돌아보면, 초등학교 때 거실에 꽂혀 있던 문학전집을 읽게 되면서 상상하는 즐거움을 알게 되었고, 칠판에 시 한 구절 적고 나가시는 국어 선생님 덕분에 문학의 맛을 알게 되었다. 나의 경험을 근거로 그저 문학을 오래 보고 자세히 보아서 그것의 존재감을 느끼게 하고 싶었다. 그래서 지겹지 않게 (책을 좋아하지 않는 아이들이 대부분이라서) 책에 관심을 가질 수 있도록 다양한 매체와 연결하여 구성하였다.

다음은 풀꽃처럼 늘 우리 곁에 있던 문학의 존재감을 17주차의 긴 호흡으로 바라볼 수 있었던 '문학사랑반' 이야기이다.

구분	학습제목 (주제)	학습내용	평가방법
1	시와 문학	활동 도서 : 《윤동주를 읽다》(전국국어교사모임), 《윤동주 시 함께 걷기》(최설) •윤동주의 삶과 작품 세계, 키워드로 읽는 윤동주 •책 대화 나누기	관찰평가 토의
2	시와 영상의 이해	•영화로 만나는 윤동주(영화 〈동주〉 감상) •영상 제작 앱(멸치) 활용하여 시 영상 제작 및 발표, 공유	자기평가 작품평가
3	소설이 원작인 영화 감상 (문학과 영화)	•영화 〈나미야 잡화점의 기적〉 감상(영화 소개) •영화 감상문 작성	감상일기 관찰평가
4	소설의 인물 분석하기	소설 《나미야 잡화점의 기적》 함께 읽기 •책 함께 읽기(모둠별 전기수 활동) •고민 나누기(구글 활용 익명으로 고민 상담하기)	모둠활동 관찰평가
5	소설과 삶의 성찰	소설 속으로 - 하슬라 잡화점의 기적 •고민함에서 친구들의 편지를 선택하고 고민 상담해 주기 •친구에게 필요한 위로, 공감의 내용이 담긴 시 처방전 쓰기	활동평가 발표평가
6	사진으로 만나는 세상	사진으로 세상 함께 읽기 •대상 도서 : 《사진을 읽어드립니다》(김경훈), 《사진이 말하고 싶은 것들》(김경훈) •사진 받아쓰기 활동(사진 일기), 포토에세이 준비	발표평가 작품평가
7	포토에세이	사진으로 만나는 세상 •포토에세이 1(사진으로 말하는 '나', 프레임 사진 찍기) •포토에세이 2(사진으로 말하는 '우리 세상' 이야기) •스크랩북이나 글그램 활용하여 나만의 포토에세이 창작	관찰평가 상호평가
8	그림책 읽기	•예측하며 읽기(나만의 그림책 만들기_패들렛 활용) •《지혜로운 멧돼지가 되기 위한 지침서》(권정민) 장면 보고 이야기 상상하기	관찰평가 자기평가
9	나도 소설가	•각종 소리가 담겨 있는 오디오나 영화 예고편을 음성으로만 듣고 상상하여 소설 쓰기 •카드와 낱말(단어 프리즘 활용) 골라 이미지 소설 쓰기(동일한 카드 보고 소설 시점 나누어 모둠별 소설 쓰기) •상상 소설 이야기 나누기, 오디오북 읽기	관찰평가 자기평가

10	영화 예고편과 북트레일러	- 북트레일러의 유형과 구성 방식 이해 활동 • 다양한 형식의 북트레일러 감상하고 구조 분석하기 • 내가 뽑은 최고의 북트레일러 소개하기	관찰평가 영상소개
11	미디어 리터러시	저작권 교육, SNS 활용 예절 교육 • 모둠 도서 선정(도서명 《1분》, 《어쩌다 중학생 같은걸 하고 있을까》, 《사랑에 빠질 때 나누는 말들》, 《세계를 건너 너에게 갈게》, 《체리새우》, 《페인트》, 《아몬드》) • 미디어 리터러시 교육(저작권, 초상권, 무료 음원 및 사진 자료 다운로드 방법 안내, 키네마스터나 VLLO 활용 사진 동영상 편집 기술), 《사진이 말하고 싶은 것들》 (김경훈)	발표평가
12	독서 활동	독서 활동 1 • 예측하며 읽기와 요약하기 • 독서 활동(개인 활동, 독서 일기 쓰기)	자기평가
13	독서 활동	독서 활동 2 • 모둠 도서 읽기(독서 활동) • 인물 상상화, 마음에 드는 구절 찾아 소개하기 • 주제별 토론 활동(비경쟁 상호 협력 토론)	관찰평가 자기평가
14	북트레일러 영상 제작	북트레일러 제작 활동 1 • 북트레일러 제작 회의(유형 및 방식 논의, 역할 분담) • 북트레일러 제작(작업 일지, 스토리보드 작성)	관찰평가 자기평가
15	북트레일러 영상 제작 및 편집	북트레일러 제작 활동 2 • 북트레일러 제작(작업 일지 작성), 중간 상호평가	관찰평가 상호평가
16	북트레일러 영상 편집	북트레일러 제작 활동 3 • 북트레일러 제작(작업 일지 작성)	관찰평가 모둠평가
17	북트레일러 작품 발표	북트레일러 발표회 • 북트레일러 발표 및 평가	작품 발표평가

영상과 문학의 만남(1~5주차)

　몇 년 전 야심 차게 북트레일러 수업을 처음 시작할 때는 17주 34시간 동안 책을 읽고 북트레일러 영상을 제작하는 데에만 몰두했었다. 첫 시간부터 북트레일러가 무엇인지, 어떻게 만들어야 하는지 기술적인 설명부터 시작하고 독서보다는 촬영과 편집에 집중했었다. 당연히 그 해는 나의 의도와 포부와 달리 수업은 졸작이 되었다. 17주 내내 영상을 만들었더니, 수업이 느슨해지고 지루해졌다. 그래서 다음 해부터는 단계적으로 미디어에 접근하게 한 후 주제가 있는 북트레일러를 만드는 것으로 수업 방향을 수정했다. 그 당시 시대적 화두가 되었던 '민주시민 교육'과 '학교 폭력 예방'이라는 주제에 맞게 책을 선정하고 책을 이해하는 데 중점을 두면서, 이야기가 담겨 있는 북트레일러를 만들게 되었다. 기존의 북트레일러 양식을 조금 벗어나 단편 영화처럼 책 예고편을 만드는 것을 시도했다. 소설 속 장면을 시나리오 대본으로 각색하고 연기도 직접 한 수업이다. 영상에 쓰일 소품도 함께 만들어 보면서 즐겁게 촬영하고 지역 기관과 연계하여 청소년 영화제에 작품을 출품하기도 했다. 힘들었지만 많은 의미와 추억을 남긴 해였고 어느 정도 나만의 주제선택 활동 수업을 진행할 자신이 생겼다.

　하지만 그다음 해, 코로나가 찾아왔다. 아이들은 학교에 오지

못했고, 수업은 온라인과 오프라인 사이에서 방황할 수밖에 없었다. 초여름이 다 되어서야 아이들을 마주할 수 있었는데 그것도 반은 모니터 화면 속이었다. 그러다 보니 온라인 클래스와 줌 수업을 보완하기 위해 여러 매체를 활용하게 되었는데, 어찌 보면 코로나 덕분에 수업의 내용이 조금 더 다양해질 수 있었다.

북트레일러 수업의 변주, 그 첫 번째 시작은 영상과 문학의 만남이다. 매시간 국어 수업을 학생들의 시 낭송으로 시작하고 있는데, 아이들은 윤동주의 시를 참 많이 좋아한다. 복잡하지 않고 담담하게 써 내려간 그의 시 세계를 온전히 이해할 수 있는 영화 〈동주〉를 함께 감상한다. 그리고 영화 감상 후 윤동주의 일대기와 작품을 쉽게 설명해 준 책 2권을 읽고 모둠별 책 대화 모임을 하는데 대상 도서는 《윤동주를 읽다》(전국국어교사모임), 《윤동주 시 함께 걷기》(최설)이다. 중학교 1학년 수준에서 읽기 편하게 구성되어 있고 한 시간 내에 읽기에 적절한 분량이다.

책을 읽은 후 마음에 드는 시 한 편을 골라서 동영상 제작앱인 멸치를 이용하여 시 영상을 제작하고 패들렛을 활용하여 공유하였다. 시와 어울리는 사진을 찾고 자막을 적절하게 선택하여 입력하기만 하면 전문가가 만든 것과 같은 영상을 만들어 주는 앱의 기능을 활용했다. 영상을 직접 편집하는 부담감을 덜어

윤동주 시 영상 제작하여 패들렛으로 공유

주면서 시를 감상하는 활동이다.

〈나미야 잡화점의 기적〉(히가시노 게이고)도 영화를 활용하기 좋은 자료이다. 나미야 잡화점에 숨어 들어간 3인조 도둑 청년들은 잡화점 문틈으로 고민이 담긴 편지 한 통을 받게 되고, 이 편지가 32년 전에 쓰인 사실을 알게 된다. 장난으로 시작한 답장이 과거를 거쳐 여러 인연으로 연결된 것임을 알게 되는 이야기이다.

소설 속 주인공들이 잡화점 문틈으로 편시를 보낸 것처럼 학생들에게 구글 설문지로 자신의 고민을 익명으로 작성하라고 한다. 그런 다음 교사는 학생들의 고민을 편지처럼 출력하여 편지함 속에 넣어두고 학생들에게 친구들의 고민을 하나씩 고르게 한다. 고민 편지를 진지하게 읽고 친구들에게 힘이 되고 위로가 되는 시 한 편을 골라 답장과 함께 '시 처방전'을 쓰고 공유하는 활동으로 마무리한다.

사진과 그림, 소리로 말하는 나의 이야기(6~9주차)

"Painting is a mute poetry and poetry is a speaking picture(그림은 말 없는 시고, 시는 말하는 그림이다)." – 그리스 시인 시모니데스

우리 아이들이 살고 있는 순간적인 SNS 세상 속에서 긴 문장과 지루한 설명은 그저 스킵(skip)의 대상이다. 어느 순간 글쓰기

생각 쑥! 역량 쑥! 교과연계 주제선택 수업 2

수업이 참 어려워졌다. 학생들은 자신의 감정과 생각을 3줄 이상 구체적으로 길게 쓰는 것을 힘들어하고, 긴 문장을 읽을 수는 있지만 의미를 이해하지 못한다. 그래서 선택한 매체가 사진과 그림이다.

영화 감상을 통해 문학에 대한 친밀도를 높였다면, 그다음은 사진과 그림을 읽고 자신의 생각을 표현하는 문학 활동을 한다. 지금까지는 선생님이 제시한 시와 소설 작품을 읽었다면 이후 활동은 스스로 상상하고 창조해 가는 과정이다. 북트레일러를 만들기 위해서는 무엇보다 자신의 창의적인 아이디어가 필요하기 때문에 본격적인 활동에 들어가기 전에 문학적 감수성을 충분히 끌어내고 싶었다. 그래서 선택한 방법은 이미지 카드와 단어 카드를 활용하여 소설 이어쓰기 활동을 하거나 명화를 감상하고 '4개의 눈으로 말하는 그림 읽기 수업'을 하는 것이다. 4개의 시점 수업은 모둠별로 하나의 그림을 선택한 후 모둠원들 각각 서술자를(1인칭 주인공, 1인칭 관찰자, 3인칭 전지적 작가, 3인칭 작가 관찰자 시점) 달리 하여 각자의 소설을 쓰고 하나로 모아 보는 활동이 그것이다.

덧붙여 그림책은 비교적 짧은 길이라 제한된 시간에 내용을 함께 읽고 토론하기에 좋은 자료이다. 《행복을 나르는 버스》(맷 데라 페냐)를 읽고 '참된 행복의 조건'에 대한 토론 활동을 하고, 《지혜로운 멧돼지가 되기 위한 지침서》(권정민)는 그림만 보고 다시 상상하여 '새로 쓰는 그림책'으로 활용했는데, 글밥이 지워진 그림책을 보고 각자 상상하여 그림책을 다시 써 보는 활동이다. 《이파라파냐무냐무》(이지은)는 선입견과 편견을 함께 이야기하기 좋은 그림책이다.

상상하여 글쓰기 마지막 활동은 소리로 상상하는 세계이다. 영화 예고편 장면을 보여주지 않고 소리만 들려주거나, 여러 가지 음향 효과를 편집하여 들려주고 떠오르는 이야기를 써 보는

소리로 상상하는 소설 이야기

것이다. 같은 소리에서 시작된 다양한 이야기들을 함께 나누어 읽는 재미가 있다.

사진을 활용한 수업은 크게 두 가지 활동으로 구성된다. 하나는 사진 읽기와 쓰기 수업이고 또 하나는 사진을 활용한 미디어 리터러시 교육이다. 첫 번째 사진 읽기와 쓰기 활동은 자신을 비유하는 대상을 직접 사진으로 찍고 사진에 담긴 의미를 간단히 글로 쓰는 수업이다. 결과물은 글그램이나 스크랩북을 활용하여 포토에세이를 만들고 공유하며 마무리할 수 있다. 두 번째 활동은 'SNS 인맥'과 '좋아요'가 중요한 아이들에게 자신이 남긴 댓글 하나, 사진 한 장이 미치는 영향을 생각해 보게 하는 시간이다. 본격적으로 북트레일러 수업을 시작하기 전에 반드시 해야 할 교육이라고 생각한다. 수업을 준비하면서 도움을 많이 받은 책은 《사진을 읽어드립니다》(김경훈), 《사진이 말하고 싶은 것들》(김경훈), 《내 사진을 찍고 싶어요》(웬디 이월드, 알렉산드라 라이트풋)이다.

김경훈 작가의 《사진이 말하고 싶은 것들》에 담긴 사진 자료와 사진 한 장에 담긴 기자들의 삶과 사연들로 수업을 시작한다. 사진작가 케빈 카터의 작품 〈독수리와 어린 소녀〉 사진을 함께 보면서 어떤 생각이 드는지 자유롭게 이야기를 나눈다. 학생들의 반응은 "불쌍해요, 독수리가 아이를 당장이라도 잡아먹을 것 같아요, 왜 사람들이 사진만 찍고 있나요? 아이는 벌써 죽은 게

미디어 리터러시 교육에 활용한 사진 자료

아닐까요? 자신이 유명해지기 위해 아이를 이용하는 사진 기자가 나빠요" 등의 반응을 보인다.

학생들 대부분은 흥분해서 사진 기자를 욕하기 마련이다. 다음 자료로 케빈 카터가 남긴 유서를 보여주면서 이 사진으로 퓰리처상까지 받은 사진작가가 3개월 뒤에 왜 스스로 생을 마감했을지 생각해 보게 한다. 사진 속 실제 상황은 독수리가 아이를 해칠 목적 없이 주변에 떨어진 음식물들을 주워 먹기 위해 앉아 있었고, 아이의 눈높이에 맞게 엎드려 사진을 찍은 탓에 원근감이 왜곡되었다는 설명을 듣고 난 학생들은 불과 몇 분 전 자신의 반응을 떠올리며 멋쩍어하곤 한다. SNS 속 사진과 이야기들이 무엇을 보여 주고 무엇을 숨기고 있는지 주체적으로 제대로 해석할 수 있어야 함을 스스로 깨닫는 활동이다. 또한 나의 댓글 하나가 케빈 카터에게 쏟아진 무지한 비난과 다를 바가 없다는 것을 알게 된다. 동일한 책에서 소개한 2016년 미국의 콜로라도 공항에서 촬영된 사진으로 신생아를 바닥에 뉘어 놓고 스마트폰에 열중한 엄마의 모습을 담은 사진 읽기 수업을 통해, 누군가 허락 없이 올린 사진 한 장이 한 사람의 인생에 잊을 수 없는 아픈 기억을 만든 사연을 소개했다.[1]

이 외에 미디어 리터러시 수업에 활용하기에 좋은 책은 《SNS에서 웹툰까지 슬기로운 미디어 생활》(권혜령 외), 《미디어 수업 이야기》(전국국어교사모임 매체연구회), 《주제로 접근해 활동으로 완

성하는 미디어 리터러시 수업》(김미옥 외), 《미디어 리터러시 수업
: Z세대를 위한 미디어 교육 길잡이》(김광희 외)이다. 이 책들은
실제 교육 현장에서 적용했던 풍부한 사례들이 나와 있어 많은
도움이 되었다.

내 손으로 직접 만드는 북트레일러(10~17주차)

문학사랑반 주제선택 활동의 최종 목표는 책 한 권을 끝까지
읽고 그 의미를 완전히 이해한 후 다른 사람들에게 책을 소개해
주는 영상을 제작하는 것이다. 영화 예고편처럼 책을 소개하는
영상을 북트레일러(book trailer)라고 하는데 학생들이 직접 영상
을 제작하고 편집해야 하기에 복합적인 사고력과 창의력, 매체
활용 능력을 요구한다. 스마트폰을 자신의 일부처럼 사용하고
있는 청소년들이기에 영상을 제작하고 편집하는 데에도 능숙할
것으로 생각했다. 그러나 실제로 학생들은 게임을 하고 유튜브
를 시청하거나 SNS에 사진을 올리고 구경을 하는 정도에 스마
트폰를 사용하고 있어 영상을 제작하는 데 서툴렀다. 그래서 북

---

1 《사진이 말하고 싶은 것들》, 김경훈. 2019 퓰리처상, 세계보도사진전을 수상한 작가의 사진 이야
기. 사진의 의미와 역할에 대해 진지하게 접근해 보길 바라는 의도에서 집필한 책. 중학생 수준에는 다
소 어렵지만 교사가 쉽게 풀어 설명해 주면 기본적인 사진의 의미와 더불어 미디어 윤리에 관한 깊은
고민을 하게끔 하는 참 좋은 참고서이다.

트레일러 영상을 제작하기 전에 저작권에 문제가 없는 사진과 음악을 다운받는 방법과 사진과 영상을 편집하는 앱의 기능을 상세하게 설명해 주는 과정들이 필요하다.[2]

북트레일러 수업에서 학생들이 가장 어려워하는 부분은 책을 '어떻게' 소개하느냐이다. 책의 한 장면을 보여 줘야 할지, 책의 줄거리를 요약해서 보여 줄지 아니면 자신의 감상평으로 연결할 것인지, 그 방법을 선택하는 것을 가장 어려워했다. 그래서 북트레일러의 개념, 유형, 예시 작품, 제작 시 유의점 등이 아주 자세히 그리고 쉽게 설명되어있는 책《독서 활동을 위한 북트레일러 활용 설명서》(최용훈)를 활용했다.[3] 학생들과 함께 읽어도 좋은 책이다.

책의 내용을 충분히 이해하고 북트레일러 형식을 안다고 하여 좋은 영상을 만들 수는 없다. 아는 것을 표현하는 것은 또 다른 문제이기에 초창기에는 다양한 북트레일러를 많이 보여 주었다. 하지만 이 방법이 결코 좋은 결과물을 만들어 내지 못했다.

---

2 영상을 만들기 위한 사진은 '픽사베이, 언스플래쉬'에서, 음원은 '공유마당, 유튜브 오디오 라이브러리'를 활용했다. 영상 편집앱은 주로 'VLLO, 키네마스터, 캡컷'을 사용했으며 저작권 교육도 필시 함께 이루어져야 한다.

3 북트레일러의 기초와 심화 내용이 모두 담겨 있는 책, 필자가 이 책의 저자 최용훈 선생님의 연수를 듣고 이 수업을 계획한 것이라 가장 많은 영향을 받은 책이라고 할 수 있다. 저자가 운영하는 리딩에듀 북트레일러 연구소에서도 자료를 얻을 수 있다. https://booktrailer.co.kr

이유는 학생들은 자신이 본 것을 그대로 흉내만 내고 있었기 때문이다. 완성도는 있었지만 뭔가 아쉬운 작품들이었다. 그래서 조금 더 신선한 창의력을 끌어내기 위해 선택한 매체가 뮤직비디오이다. 뮤직비디오도 가사(주제나 이야기)를 시각적인 영상물로 표현한 작품이기에 책의 내용을 영상으로 표현하는 북트레일러와 크게 다르지 않다고 생각했기 때문이다. 뮤직비디오 속에서 노래 가사가 어떻게 표현되고 있는지를 분석하는 활동은 자기 생각을 영상으로 표현하기 위한 사전 도움 활동이다.

뮤직비디오를 활용한 가사 읽기 수업과 북트레일러 제작을 통한 책 읽기 활동으로 주제선택 활동 수업을 마무리하게 된다.

영상이나 사진을 활용하여 수업을 구성할 때 중심은 문해력이다. 주제선택 활동에서 영상과 사진은 독서 활동을 위한 부수적인 자료이고 도구이지 책을 우선하는 활동은 아니라고 생각한다. 원격 수업을 진행하면서 아무리 공지사항에 친절하게 설명을 잘해 두어도 아이들은 그 말뜻을 이해하지 못한 경우가 많았다. 오히려 짧게 요약하여 정리한 글을 훨씬 잘 이해했다. 글이 길어지면 읽기 싫어하고 또 읽어도 무슨 말인지 이해하지 못하는 경우가 많았다. 그래서 영상과 사진으로 관심을 이어가게 하고 독서 활동을 통해 생각과 마음의 근육을 키우며 글귀가 밝아졌으면 좋겠다.

메타버스 세계를 살아갈 우리의 학생들에게 더욱 필요한 것은 상상력 그리고 문해력이라고 생각한다. 그나마 한 학기 한 권 읽기 활동으로, 그것이 반강제성을 수반한 읽기 활동일지라도 한 권이라도 읽어내는 교육과정이 있어 참 다행이다.

국어

―――

왕희성

누구나 작가입니다

창작을 통한 심미적 커뮤니케이션, 문예 창작 교실

수업 소개 ―――――――――――

우리 학생들은 폭발적인 감성이 난무하는 사춘기의 시대를 살아가고 있다. 학생들은 감성 속에서 하염없이 흘러가는 자신의 이야기를 어떻게 풀어내야 할까. 이야기를 어떻게 만들어 어떻게 이야기를 할 수 있도록 해야 할까.

막혀버린 자신의 이야기를 풀어낼 수 있도록 방법을 알려주고, 그 기회를 제공하며, 그 마음을 가장 쉬운 방법으로 토로(吐:露)할 수 있도록 한 것이 바로 문예 창작이다. 다양한 장르의 문학 작품을 자유롭게 만들어 내면서 마음의 응어리를 배설할 수 있도록 한다. 자신의 이야기를 여러 모양으로 만들어 내놓으면서 학생들은 마음을 표현하는 방법을 찾게 된다. 모두가 이야기꾼이자 작가가 된다.

창작을 통한
심미적 커뮤니케이션,
문예 창작 교실

청소년의 마음 = 창작의 시작

청소년기는 이렇게 쉽게 정의된다. '질풍노도(疾風怒濤)의 시기'. 우리 학생들의 마음은 작은 물방울처럼 쉽게 흔들리고 흘러가며, 조각나기도 쉬우며, 물방울들이 모이고 모이면 격류가 되어 사나워져 감당하기 어렵다. 또 다른 색이 그 물방울 속에 들어오면 색을 너무 쉽게 받아들인다. 학생들은 이런 특성 때문에 자기 생각과 마음을 잘 표현하지 못하거나, 단순하게 표현하거나, 아니면 폭력적인 언어를 사용하거나, 또는 침묵해버린다. 그런 모습을 마주하게 되는 우리 어른들 입장에서는 답답할 노릇이다.

수업에서 드러나는 학생들의 마음에 대해 고민을 거듭하던 차였다. 당시 작품을 창작하는 단원을 진행하고 있었다. 학생들의 펜은 좀처럼 움직이지 못했고, 만들어지는 내용은 눈 쌓인 겨울 평원처럼 새하얗고 깨끗하기 그지없었다. (아무 내용도 없었단 이야기다.) 그나마 끄적인 내용도 크게 의미 있는 내용은 아니었다. 학생들이 한 문장이라도 적을 때까지 참을성 있게 기다리다가 결국에는 참지 못하고 왜 그러냐 물어보니 학생들의 대답은 참으로 간단명료하였다.

"선생님, 뭘 써야 할지도 모르겠고, 글을 쓰는 방법을 배운 적도 없어요. 어떡해요?"

머리가 띵했다. "어, 그렇구나" 하고 돌아섰지만, 무언가 내가 잘못 생각하고 있었단 생각에 도무지 수업을 진행하기 어려웠다. 나도 모르게 학생들이 문장을 구성하고 글을 만들어 내는 작문 능력을 갖춘 것이 당연하다고 여겨 왔던 것이 부끄러웠다. 그때부터 학생들에게 글 쓰는 방법을 어떻게 가르칠지 연구하고 고민했다. 거기에 학생들의 마음과 생각, 삶을 풀어내는 방법을 접목할 방법도 찾아내고 싶었다. 그 이유는 내가 재직하는 학교는 대안 특성화 중학교로 인성과 감성 중심 교육과정을 운영하고 있었기에, 창작 수업에 학생들의 마음과 살아 온 시간까지도 담아내고 싶다는 욕심이 들었다. 또 학생들의 학업과 학생들의 감성, 둘 중에 어떤 것에 더 무게를 둬야 할지 결정하기 어려웠다. 어떻게 해야 할까 하는 방법론적 고민과 무엇이 우선인가 하는 가치 고민이 동시에 찾아오는 순간이었다. 학생들의 생활과 학업은 거리가 있다는 생각에 드는 고민이었다.

사견이지만 수업이란 단순한 지식 전달의 시공간적 개념이 아니라 학생들이 자기 삶을 돋울 수 있도록 돕는 협력의 장(場)이다. 따라서 학생이라는 인격체가 하나의 인간으로 인격과 감성이 성장할 수 있도록 돕는 것이 우선되어야 한다. 자기 삶을 성찰하고 돌볼 줄 알며, 성장을 위해 노력할 수 있도록 마음을 기다듬게 해 줘야 한다. 그렇게 학생이라는 인격체의 성장을 위한 여러 고민의 끝에 이르러 그 도구이자 재료로써 학생들의 경험을 사용하기로 했다. 학생들의 경험은 하나하나가 삶의 작품이므로, 그 경험을 정제시켜 자신의 이야기를 풀어내 언어 예술 작품으로 승화시켜 보자는 결론을 내렸다. 학생들의 마음은 하나의 이야기를 만들어 내는 시작점이다. 이렇게 바로 여기에서부터 학생들의 이야기는 첫 비행을 시작하게 되었다. 짜릿한 시작이다.

소규모 중학교이기에 가능한 수업

이 수업은 1학년 자유학년제 수업 중 주제선택 활동으로 기획하고 진행하는 프로그램이다. 국어의 4시수 중 1시수를 배당하였다. 재직 중인 학교는 작은 교실 지향으로 각 학년이 25명 1개반으로 구성되어 있다. 이러한 작은 구성은 교사가 학생들에게 집중하여 짧게나마 1대 1 수업을 진행하는 데 유리하다.

특히 대안 중학교이기에 학생들의 학력과 동시에 인성·감성을 위한 수업 주제의 분배가 평가로부터 더 자유로운 면이 있다. 이는 학생이 평가받는다는 부담에서 벗어나 자신이 해야 할 활동에 더 집중할 수 있도록 하며, 자신이 내놓은 결과에 구애받지 않고 무엇이든 해보려는 노력을 쉽게 끌어낼 수 있게 한다. 결과적으로 학생들은 수업 활동에 참여하게 되는 부담감과 수업 거부감을 비교적 쉽게 내려놓게 되므로 학업 동기화를 위한 작업이 잘 이루어지게 된다. 예를 들어, 학생들이 문법 수업에 지루함을 이기지 못하고 긴 하품을 할 때, 문법에 관한 이야기를 잠시 내려놓고, '문법을 배우면 삶의 질이 어떤 방식으로 개선될 수 있는가' 하는 주제를 가벼운 토론 방식으로 나눌 수 있게 한다. 과연 토론 과정과 이야기가 학생들에게 재미가 있는지는 모르지만, 왠지 토론 후에는 학생들이 당분간은 학습 활동에 진지하게 참여하는 효과가 있긴 하다. 참 다행이다.

학생들의 수업 태도 성향을 따져 보자면, 대안 중학교라고 하여 흔히 사람들은 학교 부적응 또는 문제가 있는 학생들이 다니는 곳이라 생각하곤 한다. 하지만 그것은 편견일 뿐이다. 일반적인 공교육에서 벗어나 그 대안을 찾기 때문에 대안 교육인 것이다. 그렇기에 우리 학교에 진학하는 학생들은 학업 중심에서 벗어난 색다른 창작 수업에 매우 '친절하게' 응답하고 참여해 주고 있다. 따라서 이 수업에 참여하는 학생들은 교사의 수업 안내에 적극적인 참여자라고 할 수 있으며, 수업 이해도에 다소 차이가 있으나 끝까지 안내하여 결과물을 만들어 내는 학습자라고 볼 수 있다.

그래도 이 프로그램의 원활한 진행을 위해 학생들과 몇 가지를 약속했다.

- 수업에 참여하는 학생은 모두가 존중받아야 하므로 서로 비판하지 않는다.
- 수업 진행에 다소 늦게 따라오더라도 실망하지 않고 끝까지 자신의 과정을 완수한다.
- 자신의 이야기를 작품으로 만드는 과정에서 부끄러워하지 말고, 삶의 나눔이라고 생각하여 솔직하게 이야기한다. 작품을 감상하는 사람들은 이야기를 폭넓은 마음으로 수용한다.
- 알게 된 타인의 경험을 SNS와 같은 매체를 통해 재생산되는 일이 없도록 한다.

위와 같은 관계적 약속을 만들고 수업에 참여하게 하는 이유는 경험을 그 소재로 하기 때문이다. 학생들이 자기 경험을 밖으

생각 쑥! 역량 쑥! 교과연계 주제선택 수업 2

로 드러내지 않는 이유 중 하나는 자기 경험이 노출되었을 때 이에 대해 비판 또는 비난받을까 두렵거나 부끄러워하기 때문이다. 따라서 위에서 말한 완충 장치를 마련하여 참여를 독려하니 학생들은 점점 더 자신들의 능력을 발휘하기 시작했다. 말할 수 있는 장치를 마련하고 자리를 펴주니 학생들이 만들어 내는 이야기는 얼마나 다채로운지 맛있는 고급 뷔페에 간 듯 나에게 즐거운 경험을 나누어 주기 시작했다.

문예 창작 수업의 설계와 시행
: 시(詩) 그리고 동화(童話)

경험을 바탕으로 이야기를 풀어내 창작하는 수업은 학생의 자기 삶에 대한 몇 가지 질문에 답하는 부분에서 시작된다. 질문에 답해 가는 과정에서 그 경험에 대한 성찰과 그 안에서 발견한 과거의 나를 용납함으로써 하나의 이야기를 만들어 내고, 타인에게 드러내고 서로 나누며 위로하고, 위로받으며 자존감의 회복과 내적 치유가 일어나게 이끈다는 데 그 목적을 두고 수업을 구성하고자 했다.

또한 학생의 창의성을 자극하여 자신만의 작품을 창작하도록 돕는 창의적 사고, 학생의 감성을 적절하게 자극하여 언어적 예술성을 일깨워 작품으로 표현하도록 돕는 심미적 감성, 학생이 자기 생각과 감정을 언어적 활동으로 나타낼 수 있는 기회를 부여하는 의사소통 능력 성장에 핵심을 두고 기획하였다.

장르의 구성은 시와 동화로 했다. 시와 동화를 선정한 이유는 한정된 시간 안에 완성된 작품을 내놓을 수 있는 장르를 골라야 했기 때문이며, 단순하게 경험을 제시하는 것이 아니라, 압축된 언어를 활용하기도 해야 하며, 쉽게 접근할 수 있는 장르여야 하기 때문이기도 했다.

그중 첫 번째 활동은 시였다.

시 창작 수업

앞서 언급했던 내용처럼 '당연하게' 학생들은 시 창작법을 몰
랐다. 처음 시작은 미약하고 엉망진창이었다. 그렇기에 학생들에
게 다음과 같은 시 창작 과정을 제시하였다.

시 창작 수업계획

차시	학습 주제	활동 내용
1	시를 만나볼까요	시에 대한 전반적 지식을 배운다.
2	시를 감상합시다	기존 작가의 시를 읽어보고 감상하고, 감상한 내용을 나눈다.
3	시는 어떻게 만들어지나요?	시 창작법을 배운다.
4	나도 시인! 1	시를 창작하기 위한 소재(경험)를 모으고 정리하여 하나의 이야기로 만든다.
5	나도 시인! 2	이야기를 바탕으로 시 창작 활동을 한다.
6	나도 시인! 3	시를 창작하고 낭송하며 감상하며, 서로 감상을 나누는 활동

위의 과정을 좀 더 상세하게 설명하면, 1차시에는 시에 대한
전반적인 지식을 배운다. 학생들의 배경지식을 충족시키는 작업
이다. 시적 표현법, 시적 표현 등을 간략하게 알려준다. 2차시에
는 기존 작가들의 시를 읽어 보고 감상하며, 수업 참여자들끼리
시에 대한 감상을 나눈다. 시를 감상하는 것은 시에 대한 표현법
과 이해도를 높이는 데 꼭 필요한 부분이다. 3차시에는 시를 창

작하는 법을 배운다. 일반적인 문장을 시적 문장으로 바꾸는 방법, 의미가 압축된 단어를 설정하는 법 등을 배우는 것이다. 실제적인 시를 창작하는 것은 4차시에서 6차시까지인데, 그 과정을 좀 더 상세하게 정리하면 다음과 같다.

4~6차시의 상세 활동 내용

차시	학습 주제	상세 활동 내용
4	나도 시인! 1	① 자기 자신의 주변을 돌아보고 경험을 수집한다. ② 수집하는 자료를 메모하고 정리한다. ③ 정리된 자료 중 가장 마음에 밟히는 것(경험)을 찾아 이야기를 솔직하게 쓴다.
5	나도 시인! 2	① 이야기를 간략하게 정리하여 불필요한 문장을 제외한다. ② 정리된 이야기의 문장을 시적 문장으로 바꿔 시를 창작한다.
6	나도 시인! 3	① 만들어진 시를 낭송해보고, 고쳐쓰기를 한다. ② 완성된 시를 대중 앞에서 낭송하고 감상을 나눈다.

위의 모든 과정을 살펴보면 배우게 되는 장르에 대한 배경지식과 작품에 대하여 배우고, 이를 활용해서 자신에 관한 이야기를 하나의 문학 작품으로 풀어내게 된다. 따라서 지식과 이를 활용한 응용 및 학습이 동시에, 그리고 충분하게 이루어지는 셈이다.

위 과정을 거치면서 학생들이 창작하는 시의 변화는 상당히 괄목할 만하다. 처음에는 단순한 감정의 나열이었다. "이건 좋다, 이건 슬프다, 이건 즐겁다, 이건 안타깝다" 등의 단순한 표현

시 수업 장면

이 주를 이루었다. 여기에서 문장을 압축하는 방법 등을 배워가면서 표현이 점점 풍성해졌다. 예를 들면, 아래와 같은 양상을 보여주고 있다.

표현 변화의 예

이전	이후
날씨가 좋다	파란 하늘 숲으로 종종걸음치는 / 하얀 구름
점심이라 배가 고프다	시곗바늘이 가장 높을 때 나도 제일 배가 고프다
시험문제가 너무 어렵다	이미 다 푼 느낌인데 왜 푼 문제는 없는 걸까

사실 여러 방법으로 시의 표현법을 설명해 보았는데, 여러 설명 방법을 사용해 보았으나 크게 효과가 없었다. 교사로서 능력

이 부족한가 하는 생각에 조금씩 마음이 우울해질 무렵, 한 가지 생각이 떠올라서 적용해 보았더니 아주 효과가 탁월했다. 학생들에게 가장 효과적인 언급은 "손발이 오그라들 것 같은 표현으로 바꾸어 봐라"였다. 매우 효과적이었다. 학생들은 그렇게 시인이 되었다.

학생이 만든 시 작품을 나눠보고자 한다. 의외로 아이들이 바라보는 세상은 다양한 이미지로 가득했다. 단순한 사물에서부터 다채로운 색깔과 소리로 가득한 세상이 있었고, 그것을 자신의 언어가 가득한 표현으로 만들어 내어 나를 감동시켰다. 다음은 학생 작품이다.

소리 이름

김○○

여름에서 가을로 갈 때
나뭇잎 색 바뀌는 소리는
슈르르륵 슈르르륵
컵 속에서 담겨진 채
가만히 있는 물이 내는 소리는
흐이이 흐이이이
신발 밑창이 우리에게

밟혀진 채 내는 소리는
후우우욱 후욱
소리 없는 것들에게도
소리를 짓고 싶다

위 시의 작가는 주변의 소리를 들으며 그 소리를 표현하기 위해 노력했다. 또 눈에 보이는 이미지도 소리로 표현하여 이미지의 이동에 따라 상상하게 되는 즐거움을 주는 작품이다. 또 다른 작품을 보자.

하늘이 위에
박○○

하늘이 파래요 / 하늘이 붉어요
하늘이 노래요 / 하늘이 보랗네요
하늘이 검네요
하늘을 걸어요
저는 가만히 있는데 / 하늘이 흘러내려요
저는 굳었는데 / 하늘이 없어요
저는 여기 있는데 / 하늘이 보여요
저는 눈을 감았는데

앞의 시는 야외에서 당시 석양을 보며 창작한 시다. 눈물을 주렁주렁 매달며 시를 쓰는 학생을 "창작의 고통이야" 하고 달래주지 않았던 시간이 생각난다. 창작할 때, 시간과 눈의 이동에 따라 하늘의 이미지를 자신의 마음에 비유하여 써 내려갔다고 한다. 학생의 마음이 눈앞에서 여러 색상으로 흘러내리는 것이 상상되는 작품이 아닌가 싶다.

마지막 차시로 학생들에게 창작한 시를 낭송하면서 서로의 감상을 나누는 활동을 하게 된다. 시를 낭송할 때는 낭송회처럼 분위기와 배경, 조명, 학생들이 선택한 배경음악을 준비해서 정식 행사처럼 운영한다.

당시 낭송하고 듣는 학생들은 진지하게 참여하였다. 어느 한 명 빼지 않고 모두가 낭송했는데 재미있는 시도 있었고, 눈물을 쏙 빼는 시도 있었다. 낭송 행사는 학생들의 시를 완전한 것으로 만들어 학생들 자신이 부끄러움과 쑥스러움을 넘어선 한 명의 작가로서 자존감을 가지게 되는 힘이 있다.

대중 앞에 서서 발표하므로 목소리는 밑으로 깔리고, 호흡이 떨리며, 눈은 원고만 바라볼지라도 자신의 마음과 생각을 발표하는 학생들은 모두 진정 문학인이었다.

동화 창작 수업

다음으로 동화 수업 이야기를 나누어보고자 한다. 동화는 소

낭송회 현장

설에 비해 그 규모가 작고 단순하나 그 안에 어린 독자들에게 주제 의식을 심어주는 장르다. 그렇기에 학생 나이 면에서 접근하기가 더 쉽고, 주제 의식을 발현시키기 좋은 면이 있다.

동화는 언어 창작 표현의 과제를 학생 입장에서 해결하기 위해 언어 순화 장치를 최대한 억제하고 자유로운 언어 표현을 끌어내고자 활동 형태를 '언어적 창작 표현 활동'으로 제시하였다.

동화 수업 장면

학부모와 함께하는 동화 수업 현장　　　　동화 소재가 될 경험담을 찾는 수업

단어부터 문장까지, 문장에서 문단까지, 문단에서 하나의 글까지 만들어 자신의 이야기를 담는 과정을 만들어 진행하였다. 전체적인 동화 창작 수업의 차시별 내용은 다음과 같다.

동화 창작 수업계획

차시	학습 주제	활동 내용
1	동심의 세계 1	동화에 대한 전반적 내용을 배운다.
2	동심의 세계 2	유명 동화를 읽어보고 감상한다.
3	나도 동화작가! 1	동화 창작법을 배운다.
4	나도 동화작가! 2	동화를 패러디하여 모방작품을 쓴다.
5	나도 동화작가! 3	동화를 쓰기 위해 주제를 정하고 소재를 모은다.
6	나도 동화작가! 4	동화의 개요를 짜고 구성한다.
7	나도 동화작가! 5	동화의 스토리보드를 작성하고 줄거리를 만들어 본다.
8	나도 동화작가! 6	동화의 줄거리에 맞게 페이지를 구성한다.
9	나도 동화작가! 7	동화를 실제로 작성한다 - 1차시
10	나도 동화작가! 8	동화를 실제로 작성한다 - 2차시
11	나도 동화작가! 9	동화낭독회를 열고 감상한다.

시 수업과 마찬가지로 학생들이 동화에 대한 전체적인 지식이 없으므로 동화 관련 배경지식 수업을 해야만 했다. 또 동화의 틀이 어떻게 구성되는지 알게 하려고 기존 동화 작품을 감상하게 하고 패러디 작품을 만들어 보는 등 여러 활동을 했다.

그리고 시 수업과는 다르게 필자를 당황하게 하는 경우가 있었다. 바로 현재 진행 중인 이야기의 결말이었다. 이야기를 성급하게 생각하고 이야기를 우회적으로 표현하기 어려워하는 학생들이 많았다. 예를 들어 동화의 끝에서 등장인물을 죽이거나 동물을 잡아먹는 등의 결말이 나타나는 확률이 높았다. 그래 놓고 잔혹동화라고 뽐내는 모습이 아직도 눈에 선하다. 물론 동화는 행복한 결말이거나 슬픈 결말이거나 상관없어야 한다. 하지만 이 수업에서는 아직 결론짓지 못한 자신의 이야기, 즉 현재진행형의 경우 긍정적이거나 열린 결말의 이야기로 만들도록 미리 약속하고 수업을 진행하였다. 그 이유는 학생들의 경험을 재구성하고 우화적으로 표현하여 만들기 때문에 학생들 자신의 이야기를 긍정적으로 만들어 희망적 자존감을 형성시켜야 했기 때문에 앞서 언급한 약속을 해야만 했다. 그 결과 학생들의 이야기는 좀 더 행복한 결론과 가능성을 보여 주는 이야기로 변화해 나갔다.

동화창작 수업의 실제 창작 부분의 수업 진행은 다음과 같다.

5~11차시의 상세 활동 내용

차시	학습 주제	상세 활동 내용
5	나도 동화작가! 3	① 자기 주변 돌아보기 ② 눈에 들어오는 사물을 활동지에 메모 ③ 메모한 내용 중 가장 눈에 띄는 것을 고르기 ④ ③의 내용과 관련된 나의 경험을 찾아내기

6	나도 동화작가! 4	① 경험에 따라 동화의 개요를 짜고 작가가 의도한 이야기 목적에 맞게 구성(개요 및 시놉시스)
7	나도 동화작가! 5	① 스토리보드를 작성하면서 줄거리 재구성(1차 수정)
8	나도 동화작가! 6	① 이야기를 페이지에 맞게 나눠 구성 ② 동화 문장에 맞게 문장 재구성
9	나도 동화작가! 7	① 페이지 내용에 맞는 삽화 작성
10	나도 동화작가! 8	① 고쳐쓰기(2차) ② 완성
11	나도 동화작가! 9	① 낭독회 또는 감상회 ② 성리하는 이야기 나누기

5~6차시까지는 시 창작 수업과 유사하다. 다만 다른 점이 있다면 이 동화 수업에는 '학생 본인이 그린 그림', 즉 삽화가 들어가게 된다. 따라서 7차시와 9차시 사이에 스토리보드 수업 및 페이지에 맞는 삽화를 그리게 된다.

삽화 수업의 경우 필자의 피나는 노력이 필요했다. 삽화 수업이라고 하니 미술 교과와 합동 수업 등으로 진행하는 경우도 많이 있었지만, 매번 미술 교사에게 도움을 요청하기란 미안한 일이기에 필자는 삽화를 그리기 위한 자기 계발을 했다. 색연필을 24색에서 196색까지 올려 가면서 수없이 삽화를 연구하고 그렸다. 그리고 그 결과로 학생들에게 삽화 수업을 할 수 있었다. 삽화의 구도를 잡고, 밑그림을 그리고 그림에 살을 붙이고, 색을 칠하는 등의 방법을 가르쳤다. 당연히 교사의 의도대로 학생들이

교사와 학생들의 삽화

필자의 삽화	학생의 삽화	학생의 삽화
〈삼촌은 회를 좋아해〉 중	〈릴리의 하루〉 표지	〈계절〉 표지

잘 그리게 된 것은 아니지만 자기 생각을 어느 정도 개성 있게 나타낼 수 있게 되기도 했다.

　다만, 주의해야 할 점은 학생들의 회화적 재능이 각자 다르므로 잘 그리라고 강조할 수는 있지만 강요할 수는 없다. 그림 연습이 되어있어 마음대로 그릴 수 있는 학생을 제외하면, 다른 학생들은 삽화의 표현이 어느 정도 의도를 표현할 수 있는 정도라면 수용하고 용납하는 너른 마음이 필요하다. 그래야 교사와 학생들 마음이 모두 편안해진다. 명심해야 한다. 누구나 편안하고 행복한 수업 은 절대 멀리 있는 것이 아니다.

　다음은 학생 작품 예시이다.

오늘은 기다리던 새 학기다. 이번 학기는 친구를 많이 사귈 거다.
내 자리는 맨 끝자리다. 옆 친구는 잠만 잔다.

우리 반에 다양한 친구가 있다.

키가 큰 애, 작은 애, 망치 던지는 애, 많이 먹는 애 등 재미있는
친구가 많았다.

새로운 선생님은 무척 친절하셨다.

선생님은 뒤에 있는 무언가를 숨기며 말씀하셨다.

"자, 오늘은 친구에 대해 알아볼 거예요. 자, 김국어 친구가 읽어
볼까?"

"네! 1번, 친구에게 먼저 다가가기!"

"2번, 친구가 어려울 때 도와주기!"

"3번, 친구가 아플 때 도와주기!"

(후략)

— 동화 〈친구 사귀는 법〉 중에서 발췌

　　위 동화는 학생 본인이 생각했던 것 중 친구를 사귀는 경험을
각색하여 쓴 것을 삽화를 제외하고 제시한 것이다. 읽어보면 당
연하게도 친구를 사귀기 어려워하는 학생들이 공감하는 이야기
였고, 관계 형성에 대한 다양한 이야기를 서로 나누는 계기가 되
었다. 특히 다양한 의견이 제시되면서 관계 형성을 주제로 한 협
력적 말하기(토의)가 발생하고, 교사가 학생들의 고민과 의견을

수렴하여 학생 생활지도에 적용하는 시간이기도 했다. 이렇게 이야기를 나누다 보면, 언젠가는 학급 분위기의 흐름을 만들어 가는 효과를 가져오는 데 공감대가 형성되고 토의가 진행되므로 위 동화처럼 자발적 규칙준수와 같은 긍정적 효과가 발생한다.

시와 동화 결론짓기

사실 학생들이 글쓰기 방법을 배우는 과정은 순탄하지 않다. 학생들의 글 쓰는 능력과 흥미는 마치 하늘의 별처럼 각양각색이다. 그렇기에 문장을 어떻게 시작하고, 어떻게 문장을 구성하는 것부터 문장의 흐름이 자연스럽게 흘러가게 하는 것까지, 또는 풍부하지 않은 어휘력을 어떻게 충족시킬 것인가까지 많은 상황을 고려해야 한다. 따라서 학생들이 수행하는 과정을 지속해서 추적하고 관리해야 한다. 교사가 공을 많이 들여야 하는 셈이다.

평가의 과정 역시 순탄하지는 않다. 학생들의 특색에 따라 나타나는 과정과 결과가 매우 다르므로, 수행 과정과 학생들이 달성해야 하는 기준이 동시에 제시되어 학생들이 어느 수준에는 도달하도록 해야 한다. 따라서 교사에 의해 제시되는 과정 하나하나에 예시와 도달 기준이 설명되어야 하며, 학습자료에 기재된 문제를 최대한 수행할 수 있도록 하고, 그 과정과 결과를 차시별로 점검하고 평가해야 한다. 단, 평가의 피드백은 정서적 효과를 위해 즉각적이기보다는 학생과 함께 과제를 살펴보며 대화를 통해 설명과 이해가 동반되어야 한다.

과정이 어려운 만큼 교사와 학생들이 받는 긍정적 피드백도 크다. 학생들은 자기 경험(긍정적이거나 부정적이거나 상관없이)을 이야기로 만들어 친구들과 나누는 활동을 하게 되는데, 이러한 과정에서 학생들은 공감과 이해의 시간을 갖게 된다. 내면적 치유가 발생하기도 하고, 자존감이 향상되는 예도 있다. 교사에게 도달되는 피드백은 교육적 성과라는 일반적인 피드백이 있기도 하지만, 그와는 별개로 학생들이 내놓는 경험과 그에 수반되는 감정이 다양한 표현의 방법으로 그 아름다움을 내놓는 과정과 결과를 보며 가르치는 자의 기쁨을 누릴 수 있다는 점이 있다.

만들어진 작품집의 예

동화집 표지와 내용(오른쪽)

생각 쑥! 역량 쑥! 교과연계 주제선택 수업 2

시와 동화 수업을 모두 마친 후에는 작품들을 한데 모아 책으로 냈다. 학생들의 작품을 책으로 만들어 각 가정에 나눠줌으로써 학생들이 자신도 책을 만드는 데 이바지했다는 성취감과 작가로서 성장했다는 기쁨, 그리고 알게 모르게 작가에 대한 진로 체험이 이루어지기도 한다. 제작 과정 중, 학생들의 작품을 정식으로 받아 주는 출판사는 없었지만, 학교의 여러 선생님의 이해와 도움으로, 책을 낼 수 있었다. 이렇게 시집, 문집, 동화책을 내는 것은 학생들이 활동의 결과를 정식으로 마친다는 점을 보여 주기도 하며, 학생들 각자가 노력한 과정과 그 결실이 이렇게 흔적을 남기고 열매를 맺는다는 것을 눈으로 확인하게 한다는 점에서 매우 유익하다.

학생들은 자신이 살아온 길과, 생각의 길을, 자신이 만든 정제된 언어로 풀어내어 하나의 이야기로 만들었고, 그 이야기가 하나의 작품으로 완성되어 다른 이에게 읽히고 인정받는다는 활동 자체로 그 창작의 즐거움과 어느 정도 수준의 학습 동기를 갖게 된다. 또 어떠한 경험도 다른 이와 나누면서 긍정적인 감정이 더욱 풍성해지거나, 위로받고 부정적인 면이 해소되는 카타르시스를 누리게 된다는 점에서 위와 같은 창작 활동은 학업과 인성, 감성 면에서 큰 도움이 된다.

이야기의 끝맺음은 또 다른 이야기의 시작

교사는 학생들이 잘 자라나는 모습을 보며 보람을 느낀다. 학생들이 자기 경험을 바탕으로 글을 쓸 때 각 과정에서 일어나는 내면적 성찰, 그리고 점점 솔직하게 자신의 이야기를 다른 이들과 나누는 활동, 그리고 표현력의 신장 등 여러 모습 속에서 교사의 역할을 다시금 진단하는 시간을 갖기도 한다.

또 위와 같은 활동을 수행하면서 학생들과 다양한 방식으로 의사소통을 하게 되므로 긍정적 친밀감(rapport)을 형성하고 수업 참여의 질이 높아지게 되거나, 학생들과 간접적 상담이 모르는 사이에 이루어지기도 한다. 다시 말해, 글쓰기는 학생과 교사의 윈-윈을 위한 좋은 방법 중 하나라고 볼 수 있다.

입과 마음의 문을 닫은 학생들이 자신의 이야기를 글로 풀어낸다는 것. 그리고 그것을 다른 사람에게 보여 주고 이를 통해 의사소통의 실마리를 풀어낼 수 있다는 것. 그것은 사람 대 사람으로 만난 우리의 관계에서 긍정적 진일보의 방법을 학생들에게 그리고 교사를 포함한 어른들에게 제시하는 것이다. 마주 앉아 이야기하는 방법도 좋지만, 어떠한가. 학생들에게 또 다른 소통의 창을 열어주고, 학생들의 이야기를 읽어주는 방법은.

남겨진 이야기
: 학생들이 내 수업에 대해 남겨준 말 중에서

평소 동화와 그림 그리기, 이야기 짓기를 좋아하던 나는 국어 선생님께서 동화(그림책) 만들기 수업을 하신다고 하셨을 때 엄청 설렜다. 그림책을 만들 때 이런 순서가 있다는 것을 알았고 내 아이디어를 담는다는 게 흥미로웠다. 모든 것을 정한 후 실행에 옮길 차례가 되었다. 실행으로 옮겼을 때, 한 장 한 글자를 그리고 쓸 때마다 너무 재미있고 흥미로웠다.

선생님께 내가 쓴 그림책을 진짜 책으로 옮긴 것을 빨리 받고, 보고, 읽고 싶은 마음이었다. 다시 보니 너무 뿌듯하고 다른 친구들 것도 같이 읽어보니 재미있었다. 그리고 엄마도 내가 쓴 그림책을 보았는데 너무 좋다고 해서 뿌듯했다. 너무 좋은 경험이었고 다음에 기회가 된다면 또 해보고 싶다. – 김○○

1학년 2학기에 창작 수업을 들었다. 국어 시간에 동화를 읽기는 했어도 내가 작가가 되어 작품을 쓴 것은 처음이었기에 많이 당황했었다. 역시 내게는 많이 어려웠다. 창의력도 없고 그림도 잘못 그리는 나에게 모든 것이 힘들고 어려웠다. 스토리를 짤 때에는 내 문장력이 부족하다는 것을 절실하게 느꼈고 책을 많이 읽을 걸 하고 많이 후회했다. 동심을 끌어올리는 것도 많이 어려워다. 그림을 그릴 때에는 왜 작가들이 삽화가를 따로 두는지 절실하게 느꼈다. 솔직히 내가 할 수 있을까 하는 생각을 많이 했다. 하지만 선생님께서 잘 지도해 주신 덕분에 잘 마무리하고 괜찮은 결과가 나올 수 있었다. 여러 가지 예시들을 그려 주시거나 이야기해 주신 것이 스토리를 짜고 그림을 그려 넣는 것에 많은 도움이 되었다. 또한 학습지를 통해 계획적으로 수업을 해서 조금 더 수월했다. 만약 정말 아무것도 없이 시작했다면 아마 더 어려웠을 것이다. (그래도 어렵긴 했지만) 어렵고 힘든 경험이었지만 동시에 재미있고 값진 경험이었다.

동화는 어린아이들만 읽는 쉬운 책, 유치한 책이라는 편견을 버릴 수 있었다. 모든 책은 많은 사람의 많은 노력이 들어갔다는 것을 느꼈다. 그래서 책을 좀 더 소중히 다루고 감사하게 생각하게 되었다. 만약 누군가가 이 수업을 들을까 고민한다면 꼭 들어보라고 추천하고 싶다. ─서○○

영어

강소연

영어가 재미있어지는 책 짓기

나도 영어 원서 읽을 수 있다

수업 소개 ─────────────────────────────

영어학습이 개인의 삶에 있어서 중요하다고 생각하며 영어학습에 부담을 갖는 사람들만큼이나 영어를 포기하는 학생들(일명 영포자)의 숫자가 상당하다.

학생들에게 즐거운 영어학습. 삶 속에서 함께하는 영어학습이 이루어지게 하려고 다양한 책을 읽고 책 짓기 활동을 하는 교과연계 주제선택 수업을 했다.

확장적 책 읽기를 통해 영어학습의 흥미와 효율성을 높일 뿐 아니라 다양한 책 짓기 독후 활동으로 2015 개정 교육과정에서 제안하는 창의적 사고 역량과 심리적 감성역량을 그리고 프로젝트 학습을 통한 공동체 역량과 융합적 사고능력도 함양할 수 있었다.

나도 영어 원서
읽을 수 있다

좌충우돌 주제선택 수업 적응기

딱딱한 교과서의 수업 내용에 흥미를 잃고 집중하지 못하는 아이들, 영어뿐 아니라 학습 자체에 관심이 없는 아이들, 학원이나 문화시설, 심지어 공공 도서관조차 없어 문화적으로 소외된 지역의 아이들, 그렇지만 언제나 밝고 유쾌하며 긍정적인 에너지를 발산하는 아이들과 함께 벽지 지역의 소규모 중학교에서 근무한 지 5년째이다.

5년 전 고등학교에 근무하며 입시 결과에만 집중하다 처음 중학교에 발령받아 당황했던 순간이 아직도 기억난다. 전입 첫해 그동안에 보아왔던 입시에 지친 고등학생들과 달리 자기감정과 경험을 자유롭게 발산하는 중학교 아이들의 성향 차이도 크게 느껴졌지만, 입시 중심으로 진행되던 고등학교 교육과정에 익숙해져 있던 나는 활동과 체험 중심으로 구성된 중학교 교육과정이 무척이나 낯설었다.

특히 그때까지는 '고등학교 교육과정에는 없었던 자유학기제, 시험도 없고 교육과정도 충분히 재구성할 수 있으며 교과 간 연계가 가능한 자유학기제 수업'을 어떻게 해나가야 할지 몰라 어리둥절할 수밖에 없었다. 중학교 수업 첫해, 고등학교 수업 스타일에 익숙해져 있던 나는 교사 중심으로 지식과 교과서의 내용을 전달하는 수업을 진행했다. 그 결과, 수업의 효과성이나 학생들의 수업에 대한 만족도가 높지 않은 편이었다. 당연한 일이었다.

변화가 필요하다는 생각이 들었다. 영어학습 능력을 향상시키는 것도 중요하지만 학생들이 영어를, 영어학습을 즐길 수 있어야 한다고 생각했다. 소규모 학교다 보니 한 반에 적으면 4명, 많으면 10명 정도의 학생들로 구성되어 있고, 순수하면서도 적극적으로 학교생활을 해 주는 학생들의 특성을 살려 학생 중심의 수업을 진행하기로 결심하고, 자유학기제와 관련된 여러 연수들을 듣기 시작했다.

여러 연수들을 통해서 자유학기 수업은 어떻게 진행하는 것이 좋을지에 대한 감을 잡을 수 있었고, 나의 자유학기 수업에 변화를 시도했다. 이후, 자유학기제와 자유학년, 연계학기 등을 거치며 다양한 시도와 시행착오를 겪었지만, 그 과정에서 변화의 가능성, 희망과 보람 등을 찾을 수 있었다.

　그동안 학생들이 조금이라도 영어에 관심을 두게 하려고 여러 가지로 노력했었다. 계획했던 것만큼 진행되지 않아 아쉬웠던 활동도 있었고, 수업 과정에서 학생들이 즐겁게 참여하고 결과물 역시 만족스러웠던 활동도 있었다. 이러한 경험 중 일부를 공유하고자 한다.

왜 영어 읽기인가?

　1학년 영어 수업은 주 3시간의 교과 수업과 1시간의 영어과 주제선택 과목으로 편성되어 있다. 학생들은 밝고 긍정적인 성격으로 교사가 제안하는 활동에 적극적으로 참여하나 영어과 기초 능력이 부족한 학생들이 다수 포함되어 있다. 그래서 주 3시간의 교과수업에서 기초 어휘와 문법, 그리고 독해와 듣기 등 기본 영어 기능을 반복적으로 훈련하여 학생들이 습득할 수 있게 하는 것을 목표로 하였고, 교과연계 주제선택 수업에는 영어 동화 읽기를 바탕으로 하는 활동 중심의 수업으로 교육과정을 구성하였다. 읽기는 말하기·듣기와 쓰기에 비하여 학생들이 좀 더 쉽게 학습을 시도해 볼 수 있는 기능이기 때문에 교과연계 주제선택 수업에서는 영어 읽기 기능을 중심으로 말하기·듣기와 쓰기를 연결할 수 있도록 했다.

기존의 독해 위주의 수동적이고 수렴적인 읽기 활동에서 벗어난 적극적이고 확산적인 글 읽기는 학생들의 잠재력과 창의력을 발산할 수 있게 하므로, 이러한 활동을 중심으로 교육과정을 구성하였다. 그와 함께 주제선택 수업을 통해 학생들이 좀 더 즐기는 수업을 할 수 있도록 영어 시, 소설, 영화, 문화 등 다양한 장르와 연계한 영어 수업을 계획하고 시도하였다. 학년과 학생의 수준에 따라 선호하는 수업의 소재와 방법이 다르지만, 영어 동화는 소재의 익숙함과 화려한 그림이 함께 있는 도서의 특징상, 학생 중 특히 영어 학업 수준이 낮은 학생들의 선호도가 높은 편이다. 도서와 함께 제공되는 오디오나 유튜브에 올라와 있는 책을 읽어주는 동영상을 활용하면 듣기 활동과 연계도 가능하다. 특히, 책을 읽고 다양한 활동을 하는 과정에서 말하기, 쓰기와 같은 영어의 생산적 기술(productive skill) 능력을 향상시킬 뿐 아니라 협동학습을 통한 공동체 의식, 창조적 표현을 통한 융합적 사고력도 함께 함양할 수 있었다.

자유학년제 초기의 영어 읽기와 독후 활동

처음에는 다양한 영어책 읽기 활동에 관심을 두고 여러 가지 활동들을 시도해 보았다. 예를 들면, 영어 동화책을 읽고 난 뒤, 독후 활동으로 단순히 독후 기록지 작성과 요약하기 퀴즈 풀기 수준의 단편적이고 수렴적인 활동이 위주였다. 이때에는 책을 읽는다는 것에 초점을 두어 책의 내용을 요약하고 학생들이 새롭게 알게 된 어휘들을 요약하는 활동을 주로 했었다. 하지만 영어 동화책 읽기 지도 경험이 누적되면서 학생들의 잠재력과 창의력이 마음껏 발휘될 수 있는 다양한 독후 활동을 시도할 수 있었다. 물론 일부 활동은 계획대로 진행되지 않아 노력에 비해 좋

초기 독후활동지(요약하기)

초기 독후활동 결과물(6컷 동화책 만들기)

생각 쑥! 역량 쑥! 교과연계 주제선택 수업 2

지 않은 결과가 나온 예도 있었지만, 실패의 과정을 통해 좀 더 수업 과정 개선에 노력을 기울였고, 시간이 지날수록 학생들이 즐겁게 참여하며 창의적이고 융합적인 인재를 양성할 수 있는 수업으로 변해 갔다.

영어가 즐거워지는 책 짓기 차시별 수업계획

뒷쪽 표에 제시한 것처럼 한 학기 동안 다양한 영어 동화책 읽기와 독후 책 짓기 활동을 구성하였다. 아직 영어 원서 읽기에 자신감이 부족한 초반(1~6차시)에는 학생들에게 익숙하고 짧은 내용의 《Snow White(백설공주)》, 《The Red Riding Hood(빨간 모자)》, 《Hansel and Gretel(헨젤과 그레텔)》과 같은 책들을 선정 했는데 이 책들의 전체적인 줄거리는 알았지만 이러한 책들의 한글로 출판된 판본도 안 읽어본 학생도 있었다. 책은 Happy House(해피하우스) 출판사의 Happy Readers Basic 시리즈를 이 용하였는데 기초가 부족한 학생들도 쉽게 읽을 수 있도록 원서 를 수정·각색한 판본이다. 같은 반이지만 영어 실력이 다른 학생 보다 뛰어난 학생이 두 명 정도 포함되어 있었다. 이 학생들은 조금 난도를 높여 같은 출판사의 다음 단계인 《Beauty and the Beast(미녀와 야수)》를 읽을 수 있도록 지도하여 수준별 수업이 이 루어질 수 있도록 하였다. 읽기와 쓰기를 통합하는 팝업 책 짓기

차시	주제	주요 활동 내용	핵심역량
1~3	팝업 책 짓기 1	어휘학습, 독서, 요약 및 동료 피드백, 팝업북 만들기(Snow white, The Red Riding Hood, Beauty and the Beast)	• 자기관리 • 심미적 감성
4~6	팝업 책 짓기 2 (Hansel & Gretel)	어휘학습, 독서, 요약 및 동료 피드백, 팝업북 만들기(Hansel and Gretel 과자집 만들기)	• 자기관리 • 창의적 사고
7~8	오디오 책 짓기 (Daddy Long Legs)	책 정하기, 팀별, 파트별 연습, 챕터별 녹음 및 완성, 감상 quiz 문제 만들기 및 풀기	• 의사소통 • 공동체
9~11	핼러윈 책 짓기 (Arthur's Halloween)	• 책 읽고 Jack O' Lantern(잭오랜턴) 만들기 • Trick or Treating 용 Caramel Apple 만들기	• 창의적 사고
12~14	UCC 책 짓기	• 팀별 스크립트 만들기 • UCC 촬영	• 의사소통 • 공동체
15	독서 골든벨	• 함께 읽었던 책 내용을 바탕으로 독서 골든벨 퀴즈 풀기	• 지식 정보처리
16~17	책 전시회	• 전시회 브로셔 만들기 • 전시회 열기(PPT 만들기) • PPT 발표와 관객과의 대화	• 의사소통 • 공동체

활동으로 교과연계 주제선택 수업을 시작하여 이후에는 읽기와 말하기·듣기를 통합하는 오디오 책 짓기와 UCC 책 짓기 활동을 하였고 후반에는 독서 골든벨, 책 전시회와 같은 모둠이 함께하는 보다 종합적인 능력이 요구되는 활동으로 구성하였다. 주제별 구체적인 활동 내용은 다음과 같다.

팝업 책 짓기

　점차 시간이 지나면서 학생들이 자신의 개성을 좀 더 적극적으로 표현할 수 있게 하고, 특히 영어는 자신 없지만 다양한 창의성을 발휘하여 자신의 영어 읽기에 대한 감상을 표현할 수 있게 하는 확산적인 활동 방법에 익숙해지면서 팝업북을 비롯한 다양한 책 짓기 활동에 관심을 두게 되었다. 특히 팝업북은 입체적이고 공감각적인 소재의 특징을 가지고 있기에 학생들이 제작하는 과정에서 매우 즐거워했으며, 학생들마다 다양한 결과물이 나와 서로의 결과물을 비교하여 감상하는 재미도 있었다. 팝업북은 그 종류와 제작과정의 난도가 다양하다. 그러한 연유로 단순한 모양의 팝업북에서 복잡한 수준의 팝업북으로 교육과정을 설계하였지만, 만드는 과정에서 학생들에게 교사의 안내가 제대로 전달되지 않아 계획했던 모양과는 다른 모양의 결과물이 나오는 경우도 꽤 자주 있었다.

　팝업북을 활용하는 방법에는 반제품 형태로 제작되어 판매되는 것을 사용하는 방법과 도안을 직접 구상하여 색지에 만드는 방법 두 가지가 있고, 각 방법에는 장단점이 있다. 첫째, 팝업북은 시중에서 판매하는 기성 제품을 구매하는 경우 색칠하여 붙이고 책의 내용을 요약하여 쓰면 되어 제작이 간단하고 만들었을 때 결과물이 깔끔하며 손재주가 없는 학생들도 부담 없이 쉽게 만들 수 있다는 장점이 있는 반면, 결과물이 일률적이라 학생들의 창의성이 충분히 발휘되지 않는 단점이 있다. 둘째, 학생들이 직접 만들어서 사용하는 팝업북의 경우 교사가 사전에 충분히 시간을 갖고 적절한 결과물이 나올 수 있도록 연구하여 학생들에게 정확한 지시를 해야 한다. 학생들이 자신만의 장점을 충분히 살려 다양한 작품이 완성될 수 있지만 만들기나 그리기에 서투른 학생들은 시작하는 것에 두려움을 느끼기도 한다.

학생들은 두 종류의 팝업 책 짓기 활동 모두 자신만의 결과물에 보람을 느끼며 제작과정에 적극적으로 참여하였다. 팝업 책 짓기 활동을 할 때에는 책의 겉면과 뒷면도 제작하게 하였고 책의 내용을 영어로 요약하여 페이지에 넣도록 하여 최대한 책의 모습과 비슷한 결과물이 나올 수 있게 하였다.

5년간 근무하면서 영어 전용 교실에 다양한 수준의 영어책을 꽂아두었다. 학생들의 영어 읽기 수준에 차이가 있어 같은 주제의 책을 학생 수준에 따라 달리하기도 하였다. 예를 들어 앞서 언급한 것처럼《Snow White》는 Happy House 출판사의 책을 읽고 팝업 책 짓기 활동을 하였다. 그러나 영어 읽기가 어려운 천천히 배우는 학생에게는 노란우산 출판사의 '말문이 빵 터지는 영어 명작동화' 시리즈의 《Snow White》를 읽게 지도했는데, 이 책의 경우, Happy House의 책보다 짧고 쉬운 영어로 되어있으며 마지막 장에 해석도 달린 장점이 있다. 학생들의 영어 작문

팝업북 만들기 활동사진   팝업북 만들기 결과물

활동 시간에는 동료 피드백과 교사 피드백을 제공하였고, 피드
백을 제공할 때에는 학생들이 자기 생각을 정확하게 표현할 수
있도록 의미 협상(meaning negotiation)을 충분히 할 수 있도록 지
도하였다.

　다른 종류의 책 만들기에 비해 학생들이 쉽고 재미있게 만들
수 있지만, 교사의 준비가 가장 많이 필요한 책 짓기 활동이 팝
업 책 짓기 활동이다. 시중에 몇 권의 팝업북 만들기와 관련된
책이 나와 있으나, 양이 많지 않고, 제시된 도안으로 실제로 만들
기에는 어려움이 있었다. 기회가 된다면 학생들이 즐겁게 만들
수 있는 팝업북을 영어 교사들이 수업 시간에 바로 이용할 수 있
도록 책 선정, 어휘 학습, 팝업북의 도안 안내 같은 참고자료를
공유하고 실제 교실에서 적용한 선생님들의 현장 목소리를 반영
하여 발전적인 방향으로 구체화하는 작업을 해 보고 싶다. 다양
한 난이도와 주제의 영어 동화책을 제시하고 그에 적절한 팝업

북 도안을 제안하여 교과연계 주제선택 활동으로 팝업 책 짓기 수업 준비 시간을 효율화할 수 있을 것으로 생각된다.

오디오 책 짓기와 UCC 책 짓기

팝업 책 짓기가 읽기 및 쓰기 활동 위주이므로 말하기와 듣기 활동을 위한 오디오 책 짓기와 UCC 책 짓기도 책 짓기 교육과 정에서 함께 구성하였다. 팟캐스트와 구독 오디오북의 성장으로 학생들에게 오디오북이 익숙해졌다. 오디오북 만들기는 개인별 활동과 모둠별 활동 두 가지 방법으로 시도해 봤다. 첫 번째 방법은 개인별 과제 활동으로 수업 시간에 다루었던 영시 중에서 감명 깊게 읽었던 시를 골라 낭송 및 녹음하여 음성 파일로 만든다. 이후 영시의 내용에 어울리는 이미지를 찾아 낭송 파일에 맞게 삽입하고 자막을 제작하는 방법이었다. 시의 특성상 산문에 비해 길이가 짧아 학생들의 제작 시간이 짧게 소요되어 쉽게 제작할 수 있었다. 또한 유튜브를 검색하면 원어민들이 영시를 낭송하는 영상이 여러 가지 나오는데, 낭송의 묘미를 살리는 작품을 몇 가지 예시로 들려주었더니 학생들이 감정을 이입하여 개성을 살린 오디오 책 짓기 작품을 제작하여 제출했다.

학생들이 좀 더 재미있어했던 활동은 두 번째 방법인데, 모둠별로 도서를 정하고 챕터별로 읽기 연습 및 녹음을 하여 완성된 오디오북 파일을 만드는 것이었다. 작은 학교임에도 학생들 사이에 영어 학력 격차가 존재한다. 특히 기초학력이 부족하여 읽고 해석하는 것에 자신이 없어 하는 학생들이 일부 있다. 그래서 모둠을 구성할 때는 동료학습의 효과가 크게 이루어질 수 있도록 하려고 노력한다. 이때 자주 쓰는 방법은 영어 수준이 높은 학생들 몇 명을 모둠장으로 뽑아 가위바위보를 하여 모둠원을 선출하는 방법을 사용한다. 이때 모둠원 선점 경쟁의 열기가 가장 높은데, 가위바위보만으로도 수업의 도입부에서 학생들은 몰입하게 된다. 학생들은 개인적으로 사운드 펜을 활용하여 한 문장씩 따라서 연습할 시간을 갖고 그 후에 모둠별로 모여 동료학습의 시간을 가지면서 오디오북을 제작한다. 감상과 평가를 위해 모둠별로 오디오북의 일부분에서 듣기 문제를 제작하여 함께 퀴즈를 푸는 것으로 마무리한다.

학생들이 가장 어려워했지만 보람을 가지고 활동했던 프로젝

UCC북 만들기 활동사진

UCC북 만들기 활동사진

트는 UCC 책 짓기 활동이었다. 처음에 과제를 제시했을 때 학생들은 대본 작성과 암기 및 연기가 어려울 것 같다고 했으나 결과에 따른 모둠별 시상을 약속했더니 어느새 경쟁이 붙어 최선을 다하는 노력을 보여주었다. 제작과정에서 학생들의 시간과 노력이 많이 소요되는 UCC 책 짓기의 경우, 정확한 지시 상황과 활동별 마감 기한 등을 두어야 효율적인 시간 안배가 가능하며 정해진 기한 안에 작품의 마무리가 가능하다. 특히 촬영과 편집 툴에 대한 기본적인 사용 방법에 대해 사전 설명이 필요하다. 이외에도 촬영을 위한 스크립트와 촬영의 역할 배분 등 여러 가지 안내 사항이 정확히 전달되어야 한다. UCC 제작의 과정이 스크립트 작성, 연기, 촬영, 편집 등 여러 가지 과정으로 이루어지는 만큼 다양한 영역에서 그동안 몰랐던 학생들의 숨은 재능을 알 수 있게 되었다. 학생들은 대본을 작성하고 대사를 외우고 역할을 연기하고 편집하는 과정에서 실용 영어 능력이 향상될 뿐 아니라 팀원들과 함께 의사소통하는 협업 능력과 공동체 정신도 함양할 수 있다.

입이 즐거우면 영어도 즐겁다

전통적인 방법을 사용하여 영어학습 효율성을 높이는 것도 중요하지만, 학생들이 즐겁게 참여하여 흥미와 관심을 가지고 영어학습 지속력을 갖게 하는 것이 교과연계 주제선택 수업을 하면서 무엇보다 중요하다고 생각했다. 특히 영어뿐 아니라 학습 전반 혹은 학교생활 전반에 의욕이 없는 학생이 있었다. 이런 학생들에게는 수업 시간에 영어에 관한 지식을 쌓는 것보다 수업 그 자체에 참여하도록 유도하는 것이 중요하다고 생각하였다. 그래서 우리 학교 학생들이 어떤 시간을 가장 좋아하는지 유심히 살펴보았더니 기술·가정 시간을 가장 기다리고 있었다. 올해 새로 발령받은 젊고 열정적인 기술·가정 선생님이 수업 시간에 다양한 요리 실습을 하고, 학생들이 그 시간을 가장 즐거워하는 것을 보고 영어 수업 시간에도 적용해 봐야겠다고 생각했다. 다행히 우리 학교는 자유학년제와 연계학기 예산이 있었고, 학급당 학생 수가 적어 교과연계 주제선택 수업 시간에 필요한 물품들은 충분히 구입 가능했다.

창의적이고 융합적인 프로젝트로 《Hansel and Gretel》을 읽

헨젤과 그레텔 과자집 만들기   헨젤과 그레텔 과자집 만들기 결과물

고 팝업 책 짓기 활동을 한 후 과자집을 만드는 시간을 가졌다.
다양한 종류의 과자와 빵, 사탕, 초콜릿 마시멜로 등을 준비하였
고, 조청을 이용하여 접착할 수 있도록 했다. 자신이 제작하고자
하는 과자집을 도안하는 작업을 선행하였고, 도안에 맞추어 과
자집을 만들었다. 역시나 예상했던 대로 학생들은 과자집을 만
들면서 유쾌한 시간을 보냈고 완성된 작품들은 전시 후 투표를
통하여 순위를 매기고 1, 2위에게는 상품을 제공하였다.

1학기에 헨젤과 그레텔의 과자집 만들기 활동을 성공적으로
마치고 2학기 이벤트를 고민하고 있었다. 미국 아이들이 가장 좋
아하는 명절인 핼러윈이 10월에 있어 10월 말~11월 초를 핼러윈
주간으로 정했다. 핼러윈과 관련된 두 권의 책(《Halloween is…》와
《Arthur's Halloween》)을 읽고 핼러윈의 의미를 이해하고 핼러윈
호박등인 잭오랜턴(Jack O' Lantern) 책 짓기와 Trick or Treat에
사용되는 캐러멜 애플을 만들었다. 학생들 대부분은 핼러윈이

핼러윈 책 짓기 활동

핼러윈 책 짓기 활동 결과물

유령 복장을 하고 사탕을 받으러 다니는 날인 것은 알지만 핼러윈과 Jack O' Lantern 그리고 Trick or Treat의 유래에 대해 정확하게 알지 못했다. 그림책 《Halloween is…》(Gibson Gail)는 핼러윈에 대한 다양한 정보를 삽화와 함께 제공한다. 이 책을 함께 읽고 활동지를 통해 핼러윈, 잭오랜턴, Trick or Treat의 유래와 미국 아이들의 핼러윈 활동 등에 대해 알아보았다. 이후 《Arthur's Halloween》(Marc Brown)을 읽고 잭오랜턴을 이용한 책 짓기 활동을 실시했다. 핼러윈의 분위기에 맞는 랜턴을 만들고 그 아래에 폼보드를 호박 또는 핼러윈과 관련된 디자인으로 잘라 책의 내용을 요약하여 붙였다. 모든 책 짓기 활동이 꼭 책 모양을 갖출 필요는 없다고 생각해서 랜턴을 이용하였는데, 실제 불이 들어오는 모습을 보고 학생들이 좋아하였다.

마지막으로 Trick or Treat에 자주 이용되는 캔디 중 하나인 캐러멜 애플을 만들었다. 학생들은 각자 사과에 캐러멜 또는 초

캐러멜 애플 만들기 활동사진

핼러윈 캐러멜 애플 만들기 결과물

콜릿을 입힌 후 슈거파우더, 스프링클, 마시멜로, 프레즐 등 여러 가지를 장식하여 캐러멜 애플을 완성하였다. 과자집 만들기 때와 마찬가지로 중간중간 달콤한 초콜릿도 집어 먹으면서 즐거운 분위기에서 행사를 마칠 수 있었다.

독서 골든벨과 책 전시회

그동안 다양한 영어 동화책을 읽고 여러 가지 책 짓기 활동을 하였다. 책 짓기 활동을 마무리하는 단계로 독서 골든벨과 책 전시회를 계획하였다. 그동안 읽은 책의 내용을 바탕으로 50문항을 출제하고 골든벨을 실시하였다. 골든벨 기존 방법인 정답이 틀렸을 때 낙오시키는 방법은 천천히 배우는 학생들의 참여에 대한 열정을 떨어트리며, 이러한 학생들이 골든벨 행사에서 소외될 수 있다. 그래서 사용한 방법이 교사가 50문항을 읽어주면 문항별 정답을 답지에 적는 방법을 사용하였다. 한글로 답해도 되는 문항과 영어로 답해야만 하는 문항으로 구분하되, 섞어서 출제하였고 중간중간 쉬운 문제를 출제하였는데, 이는 마지막까지 포기하지 않고 참여하라고 독려하는 의미였다. 물론 영어로만 대답해야 하는 문제를 통해 학생들의 변별력을 높일 수 있었으며 1, 2, 3등에게는 시상을 하였다.

마지막으로, 다양한 책 짓기 활동의 결과물들을 책 전시회 활동을 통해 마무리로 함께 나누었다. 책 전시회에 사용할 브로셔를 만들고 학생들이 그동안 만들었던 작품들을 소개하는 PPT를 만들었다. 팝업북과 자신만의 동화책 결과물을 전시하고, 오디오북과 UCC북은 태블릿을 이용하여 재생될 수 있도록 설치해 두었다. PPT를 이용하여 각자의 작품들을 소개하고 작품의 의미와 감상을 독자와의 시간을 통해 공유했다. 책 짓기 활동 전반에서 과정 중심의 관찰평가를 기본으로 하며, 책 전시회를 통해 자기평가와 동료평가를 정성적으로 할 수 있도록 지도하였다.

동아리 활동과의 연계

책 읽기는 습관의 형성을 통한 확장적 읽기가 이루어져야 그 효과가 분명하게 되며, 영어에 대한 흥미를 가질 때 지속적인 학습이 이루어진다. 학생들이 수업과 수업 참여에 대한 흥미와 관심을 지속하고 방과 후에도 자기주도적인 영어학습이 이루어지도록 다양한 동아리 활동과 연계하는 시도를 하였다. 영어 교과 또는 동아리와 관련된 강원도교육청의 지원사업에 다양하게 지원하여 영어 책임교육 프로젝트 수업, 영어 책임교육 자율 동아리 예산을 지원받아 학생들과 방과 후에도 영어독서를 지속할 수 있도록 하였다. 소규모 학교의 특성상 학생들 전원이 동아리에 가입할 수 있었으며 동아리를 운영하고 체험활동을 하기에 충분한 수준의 예산을 편성받았다. 이 중 일부는 간식비로 편성하여 학생이 수업에 적극적으로 참여하는 경우 보상물로 사용하였다. 또한 문화생활이 부족한 지역의 여건을 고려하여 아이들과 함께 문화 체험으로 영화 감상을 했다. 학교가 소재하는 지역에는 극장이 없어 주말을 이용하여 2회에 걸쳐 시외버스를 타고 근처 중소도시까지 이동하여 영화 감상을 함께했다. 다 함께 시외버스를 타고 옆 도시로 이동하는 것도 아이들을 실레게 했고 영화를 보고 아이들이 좋아하는 점심을 함께하는 것도 아이들을 신나게 했다. 문화 체험의 교육적 효과를 높이기 위하여 영화 감상 후의 내용은 모둠별로 재구성하여 대본을 작성하고 연습하여 UCC 작품으로 완성하였고 이를 감상하는 시간을 가졌다.

지금까지 소개한 활동은 기존의 책을 읽은 후의 감상 또는 원작의 적절한 변형에 기반한 활동이었다. 다양하게 누적된 책 읽기를 바탕으로 자신만의 책을 직접 만드는 활동을 영어가 재미

영어 동아리 문화 체험활동

영어 동아리 문화 체험활동

있는 책 짓기 교육과정의 마지막 책 짓기 활동이다. 캐릭터와 플롯을 결정하고 독창석이고 창의적인 아이디어로 자신만의 그림책을 만든다.

즐거운 참여가 가능한 활동들을 통해 영어 및 영어학습에 대한 긍정적인 태도를 함양할 수 있는 교과연계 주제선택 수업이 되기를 희망했다. 이 희망대로 다양한 주제의 영어 동화책을 읽고 학생들은 자신만의 표현능력을 발휘하여 독후활동을 할 수 있었다. 이는 영어 학업 능력을 향상시킬 뿐 아니라 문화적 인프라가 부족한 지역의 학생들에게 다양한 간접 체험의 기회를 제공하였다. 학생들은 영어가 재밌어지는 책 짓기 수업에서 수준별 영어 동화 읽기를 할 수 있었고 이를 통해 인문학적 소양을 함양하였다. 스마트폰 사용과 게임 등으로 책 읽기 시간이 점점 줄어드는 현실에서 학생들은 다양한 주제의 책을 읽고 작품 속의 가치를 내재화할 수 있었으며 지식정보처리 역량과 자기관리 역량이 증대되었다.

또한 다양한 책 짓기 활동을 통하여 융합적 통찰력이 향상되었다. 문자언어를 그림과 소리, 그리고 영상 언어로 변화시키는 과정에서 학생들의 창의적 사고 역량과 심미적 감성 역량이 함양되었다. 모둠이 함께 작업한 오디오 책 짓기와 UCC 책 짓기 프로젝트는 과정 중심의 학습으로 학생들의 공동체 역량과 의사소통 역량이 향상되었다.

주제선택 수업을 어떻게 진행할지 고민하는 영어과 선생님들에게 조금이나마 도움이 되기를 희망하며, 팝업북, 오디오북, UCC북 등 다양한 주제의 책 짓기를 제안한다. 이를 통해 학생들이 자신만의 창의성을 충분히 발휘하고 책 전시회를 통해 학생들 서로가 의미 있는 피드백을 주고받을 수 있는 영어 활동이 되기를 기대한다.

학생들이 작성한 교과연계 주제선택 수업에 대한 소감을 소개하는 것으로 글을 마무리한다.

학생 소감

- 동화책을 만들면서 책을 많이 읽고 책에 있는 표현을 사용할 수 있어서 효과적이었다.
- 영어 게임 시간이 즐거웠고 UCC를 만들면서 발음을 정확하게 공부할 수 있었다.
- 책을 읽고 그림으로 표현하니까 영어로 쓰는 것보다 쉬웠다.
- UCC를 만들 때 대사를 외우는 게 힘들기도 했지만 완성하고 나니 뿌듯했다.
- 영어 동화책을 많이 읽을 수 있어서 좋았고 단어도 많이 알게 된 것 같다.
- 영화 보러 간 게 제일 좋았다. 떡볶이랑 햄버거도 맛있었다.
- 영화 감상을 하러 간 것이 즐거웠다. 영화 내용도 재미있고

내가 몰랐던 미국문화와 재미있는 표현을 배울 수 있어서 좋았다.

● 영어 동화책을 만들 때 되게 열심히 했다.

● 과자집 만들기랑 캐러멜 애플 만들기가 좋았다. 특히 만드는 중간에 남은 과자도 먹고 다 만든 다음에 집에 가져가서 좋았다.

● 오디오북 만들기에서 팀별로 같이 연습하는 시간이 재미있었다.

● 동화책을 읽는 것은 어려웠지만 팝업북을 만들고 색칠하는 게 즐거웠다.

● 영어 동화책을 만들 때 내용을 자세히 알아야 하니까 집중해서 읽었고 모르는 단어가 있으면 스스로 찾아서 공부하는 데 도움이 되었다.

● 골든벨을 하려고 여러 번 책을 읽은 것이 도움이 되었고 UCC를 만들 때 외웠던 대사들은 아직도 기억난다.

영어

이혜성

영어가 즐거워지는 영어 연극

잊지 못할 우리만의 추억

수업 소개 ————————————————————————————

'영어는 의사소통 도구로써 학습되어야 한다'는 나의 고집스러운 철학으로 정해진
형식이나 틀에서 벗어나 학생들이 주도적으로 그들만의 이야기를 새롭고 창의적
으로 구성할 수 있는 영어 연극 수업을 시도해 보았다. 스토리와 캐릭터 등 그 모든
것이 학생들의 것이기에 아이들이 영어를 더욱 유의미하게 사용할 수 있었고 보다
쉽고 재미있게 접근하여 학습할 수 있었다는 점에서 즐겁고 보람 있는 시간이었다.

영어가 즐거워지는
영어 연극

우리 반을 소개합니다

2020년, 코로나19로 전 세계가 떠들썩했던 그 시기에 내가
맡은 반은 전교생 23명인 농촌지역의 소규모 학교 3학년 학생
10명이었다. 남녀 비율은 3:7. 여학생의 비율이 높고 10명 중
8명이 극 내향의 성격이었고 나머지 2명도 내향과 외향의 중간
정도의 성격을 가진, 정말이지 '고요한' 반이었다. 학교에 영어
교사가 1명이라 전교생을 가르쳐야 하는 소규모 학교의 특성상
나는 이 아이들을 1학년 때부터 가르쳐 왔다.

1학년 때부터 정말 '조용한' 반이었던 그들은 3학년이 되니
'숨소리도 나지 않는' 반으로 그 내향성이 더욱 진화되었다. 전 과
목 수업 시간에 대답하는 학생들은 거의 없었다. 선생님들은 그
반의 수업을 가장 힘들어하셨고, 학생들은 대부분 학습 능력이
부족하거나 개인적으로 조용히 공부하는 학생들이었다. 협동학

습이나 조별 과제 같은 활동들을 시켜도 서로 말없이 조용히 자신에게 주어진 과제를 혼자서 해내는 분위기라, 개별적인 과제를 주는 것이 교사와 학생 모두를 만족시킬 수 있는 방법이었다.

나는 본래 성격이 개그맨 본능을 가진 에너지 넘치는 교사라 학생들을 웃겨 보려고 수업 시간에 부단히 노력했다. 하지만 우리 반 학생들은 가끔 조용히 미소 지을 뿐 큰 소리로 웃는 것조차 부끄러워했고 그마저도 마스크에 가려 잘 보이지 않았다. 담임을 맡고 나서 나는 전보다 더 아이들과 친해지려는 노력을 부단히 했고 점차 우리 반 아이들이 배려심이 많고 마음이 따뜻하고 도덕심이 높고 작은 농담에도 깔깔거리며 즐거워하는, 마음이 순수한 아이들이라는 것을 알게 되었다.

그리고 우리 반 학생들의 취향을 알게 되었는데, 그들은 모두 소위 '디즈니 덕후'였다. 점심시간이 되면 컴퓨터가 연결된 교실 TV로 당시 유행이던 〈겨울왕국〉 2의 OST를 듣거나, 칠판을 다양한 표정의 올라프 그림으로 가득 메우거나, 유튜브에 시시껄렁한 농담이 가득한 코믹한 그림체의 만화를 다 같이 보곤 했다. 그걸 볼 때는 모두 눈이 반달 모양이 된 채로 조용히 웃으면서 눈을 떼지 못하고 집중해서 시청하는 것이었다. '아! 이거다!' 나는 생각했다. 코로나19로 등교 일수도 부족하고, 모든 체험학습과 수학여행도 취소되어 우울한 학생들에게 추억이 될 만한 일을 남겨 주고 싶었다.

디즈니 감성 학급사진 촬영

당시 강원도교육청에서 '교실 안 희망 교실' 사업을 신청한 1학급당 50만 원을 지급한다기에 미리 받아 놓았었다. 이 돈을 어디에 쓸까 고민하다가, 올해는 학교에서 체험활동을 하지 못해서 우리의 추억이 될 사진이 거의 없다는 사실을 알게 되었고, 우리 학급만의 추억을 많이 남기기로 마음먹었다. 처음 제안한 것은 '사진 촬영'이었다. 내성적인 우리 반 학생들은 표정이 굳고 별로 달가워하지는 않았다. 하지만 내가 디즈니 캐릭터들의 사진을 보여주며 각자 좋아하는 캐릭터 복장을 입고 학교 운동장에서 사진을 찍으면 너무 이쁠 것 같다고 입에 침이 마르도록 설득하자, 학생들은 자기들끼리 모여 하고 싶은 캐릭터를 정하기 시작했다.

마침 우리 학교 운동장에는 어느 학교와 비교하더라도 내로라할 정도로 넓은 천연잔디가 자라고 있어서 주변에 있는 나무들과 바로 옆에 보이는 논에 심어진 벼와 함께 어우러져 정말 푸르고 아름다운 경관을 자랑하고 있었다. 때는 10월. 노랗게 벼가 익어가고, 나무에 단풍이 들고, 학교 옆을 병풍처럼 둘러싼 산에도 빨갛고 노랗게 예쁜 물감이 칠해진 때였다.

처음에 그 싸늘한 반응과는 다르게 단 하루 만에 학생들이 온라인 의상 대여 업체에서 각자의 신체 사이즈에 맞게 캐릭터 의

디즈니 감성 사진 촬영

환하게 웃고 있는 아이들

상을 장바구니에 담아 놓았다. 유일하게 외향적인 반장 주은이가 카톡으로 의견을 모으고, 다음날 줄자를 가져와서 아이들 허리둘레와 어깨 둘레를 재어 가며, 내가 제안한 예산 내에 맞춰서 장바구니에 의상을 담아 놓은 것이다. 참으로 놀라운 광경이 아닐 수 없었다.

우리는 오후 내내 영어 시간을 블록으로 잡고 그것도 모자라서 집에 가야 할 시간을 더 할애해서 촬영을 이어 나갔다. 처음에는 부끄러워하던 친구들이 의상이 오자마자 눈을 반짝이며 의상을 입어보기 시작했다. 서로 "예쁘다, 귀엽다, 잘 어울린다"라고 나지막한 목소리로 칭찬을 주고받으며 어린아이처럼 수줍어했다. 그리고 잔디밭에서 시작된 사진 촬영.

단체 사진도 찍고 개인 사진도 찍었다. 학생들은 부끄러워하면서도 주문한 대로 포즈도 잘 잡고 오랜만에 마스크 벗은 얼굴로 환하게 웃었다. 시간이 가면 갈수록 학생들의 표정도 편안해졌고 포즈를 취하는 것도 제법 능숙해졌다. 개인 휴대폰으로 서로 사진을 찍어 주고 셀카도 찍으며 즐거운 시간을 보냈다.

학생들이 내 의상까지 주문했는데 "선생님도 같이 찍어요"라고 말해서 나도 토실토실한 팔뚝을 드러낸 채 〈미녀와 야수〉의 여주인공 '벨'이 입었던 민소매 황금 드레스를 입고 학생들과 사진을 찍었다. 선생님까지도 포함해 모두가 귀엽고도 우스꽝스러운 모습이 되었다고 생각했는지 학생들은 점점 의상 입은 모습을 편안해했고 다양한 포즈와 상황 연출 아이디어를 제안했다. 그렇게 명품 작품들을 많이 남기고 우리는 행복감과 즐거운 감정을 마음속에 남기게 되었다.

디즈니 감성 영어 연극에 도전!

자유학년제 연계학기로 예정되어 있었던 영어 연극에 실마리가 보이기 시작했다. '그래! 이 디즈니 감성을 살려서 학생들과 우리만의 대본을 만들어보는 거야!' 나는 생각만으로 신이 났다. 원래 자유학년제 연계학기 17시간은 주 1회 정도 영어 수업 시간을 할애하여 진행해야만 했지만, 연극 특성상 그렇게 주 1회로 진행이 되면 맥이 끊어지고 연습량이 부족하여 도저히 진행할 수가 없게 된다. 그래서 나는 머리를 써서, 평소 연계학기 수업 시간은 정규 수업을 진행하고, 11월에 3학년이 학기말고사를 치르고 나면 그 뒤에 남은 영어 수업을 몽땅 사용해서 영어 연극을 하기로 계획했다. (사실 남은 영어 수업도 부족해서 다른 교과목 선생님들의 양해를 구해서 하루에 1~2시간씩 시간을 할애받았다.)

하루에 최소 3시간 이상씩은 연속으로 학생들과 영어 연극을 하는 셈이다. 그렇게 되면 겨울 방학식까지 거의 1달 이상의 시간이 확보되므로 한 편의 영어 연극을 완성하기에는 충분한 시간이었다.

"얘들아, 시험 보느라 고생했어. 이제 우리는 졸업식까지 매일매일 영어 연극을 할 거야!"

잔뜩 상기된 나의 표정과는 달리 역시나 우리 반 아이들의 반응은 싸늘하기 그지없었다. 아이들의 동공이 커졌고, 긴장하기 시작했으며, 공기는 순식간에 얼어붙었다. 두세 명의 학생들은 (이제 좀 나와 친해졌다고) "아~" 하고 싫어하는 탄식을 내뱉기도 했다. 하지만 나는 포기하지 않았다.

"얘들아, 너희 영어 연극 본 적이 있어?"
"아니요….."
"그렇지? 그래~ 너희가 아직 한 번도 경험해 보지 못해서 그럴 수 있어! 하지만 알고 보면 연극은 정말 재미있고 쉽게 할 수 있는 활동이야. 겁먹을 필요가 없어. 영어도 쉽게 바꿔서 할 거니까 걱정을 하덜덜 말으어~. 내가 다 도와줄게."

모델 영상 보여주기

곧이어 나는 비장의 무기를 꺼냈다. 바로 첫 발령지인 영월의 옥동중학교에서 졸업식 기념으로 학생들과 연극을 했던 영상이었다. 중학생이 학교에서 하는 연극이 어떤 느낌인지 알려 주고 싶었다. 옥동중학교는 우리 학교보다 더 작은 전교생 17명인 산골에 있는 소규모 학교였다. 같은 소규모 학교 학생들이니 더 동질감이 느껴질 것이라 생각했다.

11분짜리 영상이었고 우리말로 한 영상이었다. 제목은 〈흑설

옥동중학교 연극 영상

생각 쑥! 역량 쑥! 교과연계 주제선택 수업 2

공주〉로, 백설 공주의 숨겨진 못생긴 언니 흑설 공주에 대한 코미디 장르의 연극이었다. 영상 속의 학생들은 연극을 잘하는 학생들이 아니었다. 오히려 서툴고 실수하고 무대에서 우왕좌왕하기도 하면서 나름대로 열심히 하는, 정말 말 그대로 평범한 시골 중학생들이 했던 무대이기 때문에 우리 반 학생들에게 동질감과 자신감을 심어줬던 것 같다.

그 영상을 본 뒤로 학생들의 표정이 조금은 편안해진 것을 느꼈다. 장르가 코미디였기 때문에 영상을 시청하면서 몇 번 우리 반 학생들이 웃는 모습도 보았다. 나는 자신감이 생겼다.

영어 동화책으로 모티프를 정해 보자!

학생들에게 〈영어 동화 100편〉이라는 책을 보여 주었다. 아주 쉬운 영어로 짧게 100편의 익숙한 동화가 소개되어있는 책이었다. 처음부터 완전하게 창작하는 것은 어려울 수 있으니, 동화를 각색하여 대본을 써 보자고 제안했다. 학생들과 몇 편의 동화를 함께 읽으며 어릴 적 읽었던 동화의 내용을 함께 떠올려 보았다. 한 10편쯤 읽었을까? 일주일간 교실에 책을 놓을 테니 틈틈이 읽어 보라고 하고 수업을 마무리했다.

일주일 뒤, 놀랍게도 매일 동화책이 놓여있는 위치가 달랐다. 누군가가 매일 읽고 있는 것이 분명했다. 책을 읽어 보았냐고 묻

《영어 동화 100편》표지와 속지

자, 몇 명의 학생들이 고개를 끄덕였다. 내가 이 중에 가장 마음에 드는 동화가 어떤 것이냐고 물어보니, 학생들은 〈백설 공주〉를 모티프로 하고 싶다고 했다. 아마도 첫날 본 연극 영상의 영향이 큰 것 같았다. 반장 주은이가 "그렇기도 하고요, 저희가 10명이니까 저희가 다 등장하려면 아무래도 등장인물이 많은 백설 공주가 더 낫지 않을까요?"라고 제안했다. 호오…. 일리 있는 말이었다. 이제는 백설 공주의 내용을 우리 스타일로 재미있게 각색하는 일만 남았다.

창의적인 줄거리 만들기

나는 칠판에 마인드맵을 그리기 시작했다. 처음에는 장르부터 써 내려가며 학생들에게 대답을 유도했다. 코미디, 로맨스, 사극, 공포, 스릴러, 액션 등등. 그러다가 갑자기 태윤이가 "좀비 물이요!"라고 말하며 킥킥대며 웃었다.

　하지만 난 그 아이디어를 놓치지 않았다. "좀비! 좋다 좀비! 헉! 난쟁이들이 독이 든 사과를 먹은 백설 공주를 살리기 위해 왕비를 만나러 가는 도중에 좀비를 만나는 걸로 할까?!"라고 내가 외쳤다. 학생들은 일제히 "오오!!" 하며 고개를 끄덕였다. 매우 마음에 들어 하는 눈치였다. 혜경이가 수줍게 "올라프 좀비 어때요?" 하고 말했다. 다들 큰 소리로 함께 웃었다. "와우! 올라프 의상도 구해야겠네! 너무 재미있겠다!"라며 나는 호들갑을 떨었다. "선생님! 땡*에 올라프 의상 있어요!" 하며 주은이가 함께 기뻐했다. "태윤이 입히면 되겠네~" 하며 아이들이 갑자기 한두 명씩 말을 하며 웃기 시작했다. "선생님 채식 좀비는 어때요?" 하고 수연이가 입을 열었다. "채식 좀비? 그게 뭔데?", "좀비인데 사람을 안 먹고 채식을 하는 특이한 좀비요. 돌연변이죠." 정말 상상도 못 한 캐릭터였다.

　그 이후로 학생들은 계속 독특하고 창의적인 아이디어를 내놓았고, 그 아이디어들이 자연스럽게 연결되고 다듬어졌다. 결국 우리는 쉴 새 없이 웃으며 우리만의 백설 공주 스토리를 완성했다.

　이 줄거리를 만들 때 칠판에 그림을 그리면서 스토리를 구성해 갔는데, 한 장면 한 장면 이야기가 만들어질 때마다 학생들은 박장대소를 했다. 이렇게 크게 웃을 줄 아는 아이들이었을 줄이야!

　배역도 일사천리로 정해졌다. 한 명 한 명 배역을 정할 때마

줄거리 콘티 1~9	줄거리 요약

장면 1

공주가 독사과를 먹고 쓰러진다.

백설 공주가 독 사과를 먹고 쓰러진 후 일곱 난쟁이는 왕비에게 해독제를 구하러 왕비의 성으로 떠난다.

앗~ 나도 채식!

난 채식좀비 야~

2번 난장이

숲에서 채식 좀비가 나타나 모두 도망가는데 1번 난쟁이가 자기도 채식이 좋다며 채식 좀비를 따라가 버린다.

으악~!!

도망가자!!

NO. 3

올라프 좀비

6명이 된 난쟁이가 여정을 계속하는데 올라프 좀비가 나타난다. 2번 난쟁이가 올라프 광팬이라며 좀비를 따라간다.

5명이 된 난쟁이가 계속 걸어 가는데 이번에는 미녀 좀비가 나타난다. 모두가 만류했지만 3번 난쟁이는 미녀 좀비에게 반해 그녀에게 물려 좀비가 되어 떠난다.

결국 왕비의 성에 도착한 4 명의 난쟁이는 왕비와 결투 를 벌이게 된다. 왕비의 광선 검에 4번과 5번 난쟁이가 쓰 러진다.

6번 난쟁이는 비장의 무기를 꺼내 든다. 그것은 바로 전설 의 검 '엑스칼리버.' 치열한 혈 투 끝에 왕비를 무찌른 6번 난쟁이는 7번 난쟁이와 해독 제를 가지고 백설 공주에게 돌아간다.

해독제를 마시고 깨어난 백설 공주와 기뻐하는 난쟁이들 근처로 기절했던 왕비가 돌아와 좀비가 되는 약을 끼얹으려 한다.

하지만 돌부리에 걸려 넘어져서 약을 본인에게 끼얹게 된 왕비는 금세 좀비로 변하고, 지켜보던 백설 공주와 난쟁이들은 모두 도망가 버린다.

좀비가 되어 탄식하는 왕비 곁에 채식 좀비와 1번 난쟁이가 와서 채식을 전수해준다. 채식의 맛에 빠져버린 왕비는 그들과 함께 살기 위해 기쁜 마음으로 숲속으로 향한다.

다 모두가 일제히 웃음이 터져 나왔다. 백설 공주와 미녀 좀비는 남학생들이 맡게 되었다. 미녀 좀비에게 반한 3번 난쟁이도 남학생으로 정했고, 둘의 키스신을 포함시켰다. (물론 진짜 하는 것은 아니고 시늉만 하는 것이지만, 그것 자체만으로도 우리 반은 거의 웃음 폭탄이었다.) 다행히 남학생들이 서로 싫어하는 척하면서도 동의를 해줘서 수월하게 배역이 결정되었다. 다음 시간에는 대본을 직접 만들어 보자고 하며 수업을 마무리했다.

대본 써 내려가기(우리말)

스토리를 상기시키기 위해 미리 그림 콘티를 그려서 간 나는, 10가지 장면의 그림을 보여 주며 줄거리를 되새겨 주었다. 그 후 학생들을 2~3명씩 4조로 나누어, 10가지 장면 중 원하는 장면 2~3개씩을 정하게 하였다. 정해진 장면의 대사를 우리말로 자유롭게 학생들이 빈 A4용지에 적어 나가게 했다. 처음에 우리말로 적게 하는 이유는 학생들이 연극 내용에 초점을 맞추어 장면별 느낌이나 분위기, 연기의 흐름 등에 집중할 수 있게 하기 위함이다. 그런데 이때 생각지도 못한 일이 일어났다.

이 장면을 3명의 학생이 쓰고 있었는데 그 대본을 보고 나는 얼마나 크게 웃었는지 모른다. 평소에 이 학생들은 목소리를 모를 정도로 정말 얌전하고 성실하고 조용하기만 해서 절대 이런

난쟁이 1	공주님! 공주님! 어떻게 공주님이 쓰러졌어!
난쟁이 5	어떡해, 죽은 거 아니야? 숨을 안 쉬어!
난쟁이 2	왜, 입 하나 덜고 좋구먼.
난쟁이 1, 5	뭐어?!
난쟁이 1	너 어떻게 그런 말을 할 수가 있어?
난쟁이 2	왜, 사실이잖아. 아, 공주님 사망보험금 있지 않아?
난쟁이 5	이건 분명 왕비 짓이야! 왕비가 가는 성에 가서 해독제를 구해 오자!
난쟁이 2	오 그럼 왕비한테 손해배상 청구해서 돈이나 뜯어 오자.
난쟁이 1, 5	야아~!!!!

코미디 감성의 글을 쓸 거라고는 생각지 못했었다. 이 외에도 결투 장면이나 좀비를 만났을 때 대사 등 군데군데 유머와 재치가 넘치는 부분이 많았다. 우리 반 아이들의 이런 보석 같은 창의성을 그동안 몰랐구나 싶어 얼마나 미안했는지 모른다. 이제야 이런 우리 반 아이들의 감성이 빛을 발하는구나! 하고 느끼는 순간들이었다.

대본 편집하기(교사)

그렇게 학생들이 빈 종이에 쓴 대본을 내가 받아 한글파일로 옮겨 적으며 어색한 부분을 수정하고 전체적인 말투나 톤을 일관성 있게 편집하는 과정을 거쳤다. 시간은 그리 오래 걸리지는 않았다. 1~2시간 정도? 중간에 삽입되었으면 좋겠다 싶은 부분도

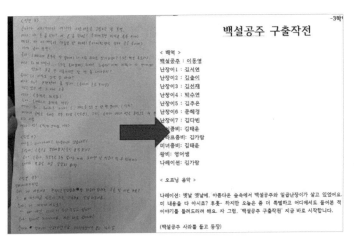
학생들이 쓴 대본 한글파일로 완성하기

넣고 개연성이 떨어지는 부분은 빼기도 했다. 학생들이 무심코 인터넷 은어를 사용한 부분도 표준어로 고치는 과정을 거쳤다. 여기서 중요한 것은, 학생들의 영어 수준을 고려하여 영어 실력이 낮은 학생일수록 대사를 적게 주어야 한다는 것이다. 너무 많은 대사를 주게 되면 나중에 그 학생이 힘들어하거나 포기할 가능성이 크기 때문이다. 그렇게 우리말 대본이 완성되었고, 우리의 연극 〈백설 공주 구출 작전(Rescue Snow White)〉이 탄생했다.

대본 리딩(우리말)

우리말 대본 카피를 한 부씩 받아 든 아이들은 테이블을 동그

대본 리딩

렇게 이어 붙여, 전체적인 원형이 되도록 책상을 배치하였다. 이
렇게 하면 모두가 서로를 마주 볼 수 있는 형태가 되어, 대본 리
딩 할 때 훨씬 대사가 잘 들리고 의견을 쉽게 모을 수 있다. 실제
배우들이 대본 리딩 할 때 이런 형식으로 좌석을 배치하는 것을
TV에서 자주 보았기 때문에, 마치 실전처럼 해 보자는 마음에서
이러한 시도를 해 보았다. 학생들이 오히려 이렇게 대본을 읽자,
더욱 대본 읽기에 집중했으며 분위기가 한데 모아지는 효과를 보
았다. 한 명씩 순서에 맞추어 실제 연기하듯이 대사를 읽어 보면
서, 대사가 본인의 말투와 다를 경우 자신에게 맞게 고치도록 하
고 의견이 있으면 가감 없이 말할 수 있도록 했다. 학생들은 의외
로 여러 가지 의견을 제시했고 적지 않은 부분이 수정되었다.

그때, 혜경이가 "우리 배경음악은 안 정해요?"라고 말했다. 아주 적절한 타이밍이었다. 교실 앞 컴퓨터를 켜서 다 같이 교실 TV에서 나오는 유튜브 음악을 들으며 장면마다 배경음악을 정하기 시작했다. 시간 내에 다 정할 수가 없어서 다음 시간에 마저 정하기로 했는데, 다음 시간에 들어와 보니 이미 학생들이 곡을 다 정해 왔다. 우리는 장면별로 하나씩 들어보며 또 박장대소를 했다. 어쩜 이렇게 찰떡같이 잘 어울리는 곡을 정해 왔는지 너무 기특했다. 학생들이 이 연극에 더욱 진지한 태도를 갖기 시작한 게 바로 이 대본 리딩 단계부터였다. 아마 자신에게 역할이 부여되었기 때문에 나름의 설렘과 책임감을 느끼기 때문인 것 같다.

무대에서 연습(우리말)

처음엔 교실 책상, 의자를 뒤로 밀고 남은 공간에서 연극 연습을 했다.(1~2일 정도) 하지만 10명이나 되는 아이들이 등장하기에는 교실은 너무 비좁았다. 그래서 우리는 강당을 겸하고 있는 체육관 무대를 활용하기로 했다. 체육 수업이 없는 시간에는 무조건 체육관에 가서 연극 연습을 했다. 처음에는 동선을 먼저 연습했다. 어느 문으로 나와서 어디까지 걸어 나오는지. 어떤 자리에서 연기를 하고 어디로 퇴장하는지. 서로 동선이 꼬여서 처음

교실에서의 연습

체육관 무대 연습

에는 부딪히기도 하고 헤매기도 했다. 하지만 연습을 거듭할수록 학생들은 금방 동선을 익혀 나갔다.

가장 큰 문제는 목소리였다. 무대는 목소리 전달력이 중요한데, 우리 반 학생들이 어떤 학생들인가. 전교에서 가장 내성적인 학생들이다. 하지만 우리에게는 풍족한 학교 인프라가 있었다. 그렇다. 마이크였다! 우리 학교에는 마이크가 무려 7개나 있었다. 그중 1개는 무선 마이크고 1개는 핀 마이크였다. 우리는 마이크를 즉시 연결해서 연습을 시작했다. 마이크 볼륨을 크게 높이자, 학생들이 속삭이듯이 말해도 목소리가 체육관 전체에 울려 퍼졌고, 대사가 아주 잘 들렸다. 우리는 무대에 처음 들어올 때 누가 어디에 놓인 마이크를 쓸지, 내 뒤에 대사를 하는 친구들에게 어떻게 전달해줄지, 무대에서 퇴장할 땐 마이크를 어느 위치에 놓을지 계속 연구하고 시도하며 최선의 동선을 구상해 나갔다. 기특하게도 우리 반 아이들은 3~4번의 연습 만에 마이크 동선까지 거의 익히게 되었다. (난 지금도 이렇게 빠른 습득 속도가, 선생님이 던져준 대본이 아닌, 본인들 마음에 드는 줄거리와 캐릭터를 직접 구상했기 때문이라고 생각한다. 계속 다음 장면이 기대되고 다음 대사가 기대되기 때문에 빠른 속도로 습득이 된 것이다.)

우리말로 연기 연습을 3~4일 정도 했던 것 같다. 하루에 2~3시간씩 연습하니, 점점 대사도 익숙해지고 음악을 틀어주는 타이밍, 동선, 마이크 사용 등이 모두 능숙해졌다. 이제 전반적인 흐름이 자연스러워졌다고 느꼈을 때, 영어 대본을 만들어야겠다는 생각이 들었다.

영어 대사로 바꾸기(자신의 배역)

이제 어느 정도 대사, 동선, 액션, 목소리 톤, 말투, 배경음악 등을 모두 익힌 후, 우리는 영어 대본 쓰기에 돌입했다. 모두 가지고 있는 한글 대본을 꺼내어 자신의 배역 옆에 영어로 번역된 대사를 써 내려갔다. 모든 학생에게 학교 태블릿 PC를 제공했고, 개인 휴대폰을 사용하는 것도 허용해 주었다. 각종 포털사이트에서 제공하는 번역기 등을 사용해도 좋으며 조금 엉성하고 문법적으로 이상해도 좋으니, 최대한 자연스럽게 대사를 적어보게 했다.

영어 대본 완성

학생들이 대사를 완성하면 내가 다시 대사 전달력이 높고, 짧고, 간결하고, 외우기 쉬운 영어 대사로 바꾸어서 한글파일로 영어 대본을 만들어 주었다. 생각보다 대사를 잘 적은 학생들이 많아, 최대한 그들이 적은 것을 살려 번역을 했다. 여기서도 중요한 점은, 학생들의 영어 수준을 고려해야 한다는 점이었다. 처음 우리말 대본을 만들 때에도 대사의 양을 고려하였다. 여기서는 양도 양이지만, 그 문장이 아주 짧고 간결하며 발음하기 쉽고 듣는 사람이 쉽게 이해할 수 있어야 했다. 연극은 전달력이 생명이기 때문이다. 이 대본을 쓸 때는 배경음악에 대한 정보도 중간중간 삽입시켰다.

영어 대본 발췌장면 2

<----------- 공포음악 Dead Silence Sound Track (처음부터~)
(그때, 채식 좀비 반대편에서 등장)

채식 좀비	Grrrrrrrrrrrrrrrrr!!!(으르렁 대는 소리)
*난쟁이 1~7	Ahhh!!!!!! It's a zombie!!!!!!!!!!! (반대편으로 물러선다) (몇 명은 도망치다 넘어진다)

<----------- 여기까지

채식 좀비	(주머니에서 양상추를 꺼내서 맛있게 먹는다) yum yum yum.
난쟁이 4	huh? Why is he eating vegetable?
난쟁이 6	Yeah… he's zombie. He should eat meats!
채식 좀비	(쩝쩝거리며) yum yum yum. I'm a vegetarian zombie!!!
*난쟁이 1~7	A vegetarian zombie?????
난쟁이 2	Ooh… vagetarian zombie. I hate it.
난쟁이 3	At least he will not eat us.
난쟁이 5	Hey, let's go.

영어 대본 리딩

또 한 번 대본 리딩을 시작했다. 지난번처럼 원탁형 배치로 시작했다. 학생들은 처음에는 영어를 잘 읽지 못하므로 교사가 자주 개입을 해야 한다. 영어 읽는 방법뿐 아니라 억양이나 톤을 알려 주어야 한다.

여기서 꿀팁 카카오톡 '음성 녹음' 기능을 이용하여 대사를 한 줄 한 줄 녹음해서 카톡으로 전송해 주면, 학생들이 집에서 따로 연습하기가 쉽다.

하지만 이미 한 번 우리말로 연기를 해 보았기 때문에 학생들이 곧잘 따라왔다. 대사가 영어로 바뀐 것뿐, 간단하고 짧은 문장이었으므로 학생들이 전반적으로 무리 없이 잘 따라와 주었다. 대사가 길고 복잡한 친구들은 영어를 기본적으로 좋아하고 잘하는 학생들이었기 때문에 잘 읽고 금방 외우는 모습을 볼 수 있었다.

영어 연극 무대 연습

이제 제대로 된 무대 연습이 시작되었다. 신기하게도 학생들은 금세 영어 대본을 외워서 이제껏 연습했던 동작을 그대로 구현하며 연기를 하는 것이었다. 아마 그전에 무대에서 연습했던

전투신 안무 구상 　　　　　 녹화된 영상 보고 수정 논의

것이 몸에 익어서 바로바로 연기가 되는 것 같았다. 척척 연기를
해내는 학생들을 보니 감동이 차오르고 참 뿌듯했다. 우리 반이
꼭 하나가 된 것 같은 기분이 들었다.

　중요한 역할을 맡은 6번 난쟁이 역의 혜경이는 왕비와 중요
한 전투신이 있었다. 우리말 연기 연습을 할 때에는 전반적인 흐
름에 신경 쓰느라, 전투신은 대충 얼버무리고 넘어갔었다. 이제
모든 학생이 연극에 익숙해졌으니, 대망의 하이라이트 전투신을
디테일하게 구상할 차례였다. 혜경이는 어렸을 때부터 독학으로
춤을 췄고 문막 청소년댄스경연대회에 솔로로 참가했을 정도로
춤 실력이 우수한 학생이었다. 그래서 더욱 욕심이 났다. 혜경이
와 유튜브에서 '영화 싸움 장면'을 검색해서 몇 편을 돌려보며
괜찮은 동작을 카피했다. 신체 능력이 좋은 혜경이는 금세 전투
안무를 익히고 나와 광선검(연습용 빗자루)을 가지고 생동감 넘치
는 전투신을 만들어 냈다.

스스로 변화하는 아이들

마지막으로 우리가 신경을 쓴 것은, 배경음악 플레잉이었다. 누군가 무대 바로 옆 방송실에서 음악을 제어해 주어야 하는데, 문제는 처음부터 끝까지 무대에 나오지 않는 학생이 없다는 것이었다. 백설 공주는 처음에 독 사과를 먹고 쓰러진 뒤로 후반부까지 나오지 않으므로 백설 공주를 맡은 선재가 음향감독을 맡아 주기로 했다. 하지만 선재가 나오는 첫 장면과 후반부에는 다른 사람이 그 일을 맡아야 했다.

여기서 더욱 놀라운 일이 일어났다. 이 연극을 가장 하기 싫어하고 "안 하면 안 돼요? 으윽…" 하며 불만을 자주 표현하던 가람이가 자발적으로 음향을 맡아 플레이를 해 주기 시작한 것이다. 누가 시킨 것도 아니고 내가 부탁한 것도 아니었다. 본인이 갑자기 나를 급하게 부르더니 "선생님 이 곡은 몇 초부터 틀면 돼요? 이거는요?" 하면서 대본에 필기를 하며 음악을 타이밍에 맞추어 틀어 주는 것이 아닌가! 가람이는 내레이션과 올라프 좀비 역할을 맡았는데, 그 이유는 "내레이션은 그냥 큐카드 보고 읽으면 되고 연기를 안 해도 된다", "올라프 좀비는 온몸에 의상을 뒤집어쓰고 있어서 내 얼굴이 노출이 안 되니 덜 창피하고 대사가 거의 없다"는 것이었다. 즉, 어떻게 하면 가장 무대에 나오지 않고 참여를 안 할 수 있을까 하는 마음이 반영된 역할 배정이었다.

친구들도 그런 가람이에게 강요하고 싶지 않아 가장 비중이 적은 역할을 주었지만, 올라프 좀비가 등장할 때 "으으으윽~~!!" 하는 좀비 울음소리를 내야 하는데 가람이는 그 소리를 성의 있게 내지 않고 대충 얼버무리곤 했다. 배려심 많은 우리 반 친구들은 강요하고 싶지 않아 그런 가람이에게 아무 말도 하지 않고 그냥 하고 싶은 대로 하게 두었다.

그랬던 가람이가 나중에는 (거의 영어 무대가 완성되었을 때쯤에는) 실감 나게 "으으으윽~~!!" 하며 절뚝거리는 좀비 연기를 해 내는 것이 아닌가! 내레이션을 할 때 또한 목소리가 점차 크고 또랑또랑해질뿐더러, 영어를 너무나도 잘 읽는 것이 아닌가! 가람이는 영어를 별로 좋아하지 않아서 영어 읽는 것을 어려워했다. 그런데 일반적인 대사와는 달리 내레이션은 비교적 어렵고 긴 문장들로 구성이 되어있었다. 그래서 나는 가람이와 1:1로 읽는 방법을 알려 주었는데, 가람이는 매우 꼼꼼하게 발음을 적어 놓고 계속 틈만 나면 대본을 열심히 읽었다. "선생님, 제가 생각해 봤는데요. 큐카드는 이 정도 크기면 될 것 같고요. 선생님이 대본을 그 크기에 맞추어 인쇄해 주시면 제가 잘라 붙일게요." 가람이가 나에게 이런 제안도 해 왔다.

가장 소극적이었던 친구가 이렇게 적극적으로 변화하는 모습을 보면서 마음속에 감동이 차오르고 이 연극을 하길 정말 잘했다는 생각이 들었다.

그리고 모두가 웃으면서 즐겁게 적극적으로 연습에 임하는 아이들을 보면서, '처음에 나에게 보였던 부정적인 반응은 '낯선 것'에 대한 두려움이었구나. 조금씩 경험해 보면서 익숙해지니까 누구보다 열심히 할 수 있는 것이구나' 하는 생각이 들어서 교사로서 또 한 번 큰 깨달음을 얻게 되는 순간이었다. 기다려 주고 믿어 주는 일. 그게 전부인 것 같다.

의상과 소품 주문하기

우리는 '땡○'과 '옥○'에서 필요한 의상을 대여하고 독사과, 바구니, 독이 든 물약병, 장난감 나무 장검(광선검은 부딪히면 깨질 것 같다는 의견을 반영하여 목검으로 변경하기로 했다) 등을 구입했다. 때는 12월 중순. 다음 주면 크리스마스이브 파티를 할 수 있는 날이었다. 올 한 해 우리 반끼리의 특별한 추억을 많이 남긴 우리는 어느새 새로운 행사를 계속 기획하고 추진해 내는, 협동심 최고의 반이 되어있었다.

크리스마스 때 만들 트리와 교실 꾸밀 소품 등을 구상하고 있던 중, 청천벽력 같은 소식을 듣게 되었다.

청천벽력 같은 일

갑자기 원주 시내에 코로나 확진자가 급증하여 모든 학교는 등교중지 및 온라인 수업을 하라는 교육부의 지시였다. 이럴 수가…. 그럼 우리 연극은? 우리 무대는? 어떻게 되는 거지? 학생들의 눈이 또 한 번 초조해졌다. 올해 이미 여러 번 등교중지로 집에서 우울한 시간을 보냈던 아이들이기에, 내일부터 온라인 수업을 해야 한다는 말에 아무 말 없이 고개를 끄덕이는 그 고요한 침묵 속에 귀를 울리는 슬픔이 느껴졌다.

"선생님 그래도 일주일 뒤면 풀릴 수도 있잖아요?" 주은이가 나를 위로했다. "우리, 졸업식에라도 공연할 수 있을 거예요. 지금까지 열심히 해 왔잖아요. 괜찮을 거예요." 언제 주은이가 이렇게 어른이 되었지? 언제부턴가 학생들이 나를 위로해 주고 있었다.

실시간 연극 연습(Webex)

우리는 영어 시간에 실시간으로 연극 연습을 이어 나갔다. 학생들이 번갈아 가며 자신의 순서에 대본을 읽고 내가 스마트폰으로 음악을 타이밍에 맞춰 재생했다. 그렇게 연습을 해서 감을 유지해 놓았다가 마지막 주라도, 혹은 졸업식 전날이라도 등교중지가 풀리면 전교생들과 선생님들 앞에서 공연을 하자고 서로 다짐했다. 하지만 하늘은 우리 편이 아니었다. 결국 졸업식 날까지도 등교중지는 해제되지 않았고, 우리는 3학년 학생들과 교사들만 참여한 빠르고 조촐한 졸업식과 함께 공연의 꿈을 접어야만 했다.

그래도 돌이켜 보면, 결과보다 우리가 이만큼까지 함께 땀 흘려 걸어오면서 익숙하지도 않고 쉽지도 않았던 영어 연극을 준비했다는 것이 중요하다고 생각한다. 이제껏 '조용한 학생'으로만 기억되던 우리 반 10명 학생이 어느새 '창의적 감성을 지닌 협동심 높은 연기자'로 바뀌어 있었다. 영어 대사를 뚝딱뚝딱 외운 것은 덤이었다. 영어를 아예 읽지 못하고 알파벳도 구별하지 못하는 학생들도 자기 대사를 모두 외워서 연기를 했으니 말이다.

나에게 이 반 학생들이 너무 특별했다. 우리는 지금도 소수로 만난다. 올해 위드 코로나 정책으로 이제 곧 접종 완료가 되면

실시간 영어 연극 연습

조촐한 졸업식

10명 모두가 함께 만나는 날을 손꼽아 기다리고 있다. 최근 모임에서 주은이와 선재가 이런 말을 했다. "선생님, 그 연극. 우리 다시 하면 안 돼요? 우리 다시 의상을 빌려서, 문막 청소년문화의집이든 후용예술센터든, 무대 빌려서. 다시 해요. 혹시 교장 선생님이 허락해 주시면, 우리 모교 체육관 무대에서 그때 못했던 공연 지금이라도 해 보면 안 돼요?" 그 말을 들었을 때 내 눈시울이 붉어졌던 기억이 났다. 나 못지않게 우리가 함께했던 그 시간을 소중하게 생각해 주는 졸업생들을 보며, 여기엔 영어 학습 활동을 넘어선 무언가 진한 의미가 있다는 생각을 했다.

영어 뮤지컬에 도전!

2021년이 되었다. 자유학년제 업무담당자였던 선생님께서 내 영어 연극을 우수사례로 도교육청에 보고하셨고, 나에게 200만 원이라는 연계학기 예산이 주어졌다. 작년의 4배나 늘어난 예산이었다. 아니, 이렇게 많은 돈으로 뭘 어떻게 하지? 작년 예산도 결국 공연을 못해서 반납했는데. 나는 고민에 잠겼다.

그러다가 문득, 예술 강사를 섭외해서 학생들도 나도 배우면 어떨까 하는 생각이 들었다. 서둘러 강사비로 150만 원을 잡고 여기저기 예술 강사를 섭외하기 시작했다. 이미 16년간 교육 뮤지컬로 우리나라 최고 교사로 자리매김하고 있는 샘마루초등학교 박찬수 선생님께서 좋은 예술 강사를 소개해 주셨다. 그래서 내친김에 뮤지컬에 도전해 봐야겠다고 생각했다. 곧 3학년 학생들과 영어 뮤지컬을 시작할 예정이다.

영어 영화반 운영

올해 1, 3학년 자유학년제 자율 동아리로 '영어 영화반'을 운영하여 1학년은 로맨스 영화를, 3학년은 액션 영화를 촬영했다. 모든 대사는 영어로 진행되고, 영어 자막과 한글 자막을 넣어 시청하는 사람들에게 전달이 잘되도록 했다. 강원도교육청 영어 책임교육 예산을 신청하여 150만 원을 지원받아, ASMR 마이크, 짐벌, 각종 의상 및 소품 구입, 영상 편집 프로그램(곰 ○스 프로, 얼 ○이트 모션, 비○ 비디오)을 구입하고, 10% 금액은 학생들 간식비로 사용할 수 있었다.

아직 영화 촬영이 진행 중이라 완전한 결과물이 나오기 전이지만, 이 또한 만드는 과정에서 학생들이 직접 줄거리와 각종 캐릭터를 구상하고, 열의가 있는 학생들이 사발적으로 감독이 되어 영상의 흐름과 각도, 구성 등을 도맡아 하였다. 이런 예술 창작 활동이 확실히 학생들의 단합과 영어에 대한 두려움과 진입 장벽을 낮추는 것 같다. 그리고 좋은 추억이 생기고 본인들이 노력해서 무언가를 이루었다는 성취감도 안겨 주는 것 같아, 정말 의미 있는 활동이라고 생각한다.

나가며

영어 연극, 영어 뮤지컬, 영어 영화.

꼭 한번 도전해 보시길 바란다. 분명 쉽지는 않다. 많은 인내가 필요하고 시간과 에너지도 필요하다. 하지만 재능 있는 학생들이 있다면 그들의 반짝이는 창의력과 열정으로 교사의 개입이 많이 없어도 잘 이루어질 수도 있다는 생각이 든다. 박찬수 선생님이 내게 늘 하시는 말씀이 있다. "교사는 기획자다. 모든 건 학생들에게 맡겨야 오히려 더 잘 굴러간다. 내가 신처럼 모든 걸 다 해 주려 하다가는 오히려 학생들의 창의성과 발전 가능성을 망칠 수 있다. 큰 그림을 그리고 나머지는 학생들 스스로 할 수 있게 하자."

앞으로도 학생들이 함께 웃고 떠들며 즐거운 예술 창작 교육 활동을 할 수 있도록 돕고 싶다. 그리고 꼭. 나와 같은 철학을 가진 동지 선생님들을 만나고 싶다. 그래서 이런 예술 창작 교육활동을 함께 꽃피워 가고 싶다.

수학

이은수

패턴 속 수학

알지오매스를 활용한 작도 수업

수업 소개 ───────────────────────

이슬람 패턴 속에 숨어 있는 테셀레이션을 알아 보고 작도를 이해한다. 알지오매스를 활용하여 이슬람 패턴을 작도해 보는 '작도와 합동' 단원의 심화 수업이다. 이 과정에서 작도에 대한 풍부한 심상이 형성되고 그 의미가 내면화된다고 믿는다.

알지오매스를 활용한
작도 수업

패턴 속 수학

패턴 속 수학은 작도로 만들어 내는 다양한 패턴에 관한 이야기이다.

작도란 눈금 없는 자와 컴퍼스만을 이용해 도형을 그리는 것을 뜻한다. 즉, 눈금 없는 자와 컴퍼스만을 이용해서 이슬람 사원의 천장에 있는 화려한 패턴을 만들 수 있고, 우리나라 궁궐이나 사찰 처마에 있는 단청 문양을 만들 수도 있다. 대부분의 이슬람 패턴과 단청 문양은 '테셀레이션'으로 이루어져 있다. 이때, 테셀레이션이란 도형을 이용해 평면 또는 공간을 완전히 메꾸는 미술 장르를 의미한다. 그렇기에 이 수업은 문양을 이루고 있는 하나의 기본 패턴을 찾아 작도한 후, 테셀레이션을 통해 한 공간을 가득 채우는 활동이 주를 이룬다.

이 수업의 마지막 차시는 나만의 패턴 만들기이다. 작도, 테

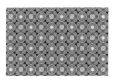

기본 패턴 작도   기본 패턴 작도   기본 패턴 작도

셀레이션, 지금까지의 경험과 안목을 총동원해 자신만의 패턴을 디자인하고, 출품한 디자인을 갤러리를 통해 함께 감상하며 마무리한다.

이 수업은 나의 롤모델이자 멘토인 두 분의 은주 선생님과 나의 든든한 동료인 주연 선생님과 매주 수요일에 모여 함께 만든 수업이다. 이 수업은 신규 발령을 받고 이듬해에 한 나의 첫 주제선택 수업이기도 하다

가볍게 다루려니 아쉽고, 깊이 다루려니 조급한 작도

개인적으로 중학교 수학 내용 중에서 의미를 전달하기 가장 어려운 단원을 꼽으라면 '작도와 합동' 단원이다. 그 이유는 복잡한 그림도 복사와 붙여 넣기가 Ctrl+c, Ctrl+v로 쉽게 되고, 반듯한 정다각형을 그리고 등분할을 하는 기능은 어딘가에 있을 법하다는 시대에 살고 있기 때문이다.

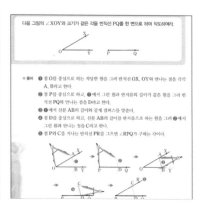

2학기

Ⅳ.기본 도형
  1. 기본 도형
  2. 작도와 합동

이런 시대를 살고 있는 아이들에게 같은 크기의 각을 작도하는 것이 가치와 의미가 있을까? 더구나 한 번의 관찰과 한 번의 작도 경험으로는 작도의 의미가 학습되거나 내면화되기가 한참 부족하다는 생각이 든다. 다른 단원에 비해 위계성이 작은 작도 단원을 위해 많은 시간을 할애하기에도 부담이 된다. 그래서 나는 항상 찝찝한 마음으로 작도 단원을 얼렁뚱땅 지나왔음을 고백한다.

이슬람 패턴, 그 안에 담긴 작도 이야기

수학은 간결성을 추구한다. 많은 의미와 고민이 단 한 줄의 수식으로 정리된다. 수학이 아름다운 이유이고, 누군가에겐 낯선 느낌을 주는 이유가 된다. 교과서에는 작도에 대한 결론이 몇 마디의 문장으로 정리되어 있다. 그리고 학습자는 작도 이야기의 결론을 먼저 만나게 된다. 그 결론 뒤에는 연례행사처럼 일어나는 그리스 나일강의 범람에 관한 이야기와 신성한 날들을 엄격히 지키기 위해 노력한 이슬람인들의 이야기가 숨어 있다. 다음은 문태선 선생님의 책《말레이시아 브루나이 여행》에 수록된 이슬람 기하학에 관한 이야기이다.

8세기 이슬람 수학자는 곧 천문학자였다. 이슬람 수학은 해와 달과 별을 바라보는 과정에서 생겨났기 때문이다. 당시 천문학자들은 하늘을 연구해야만 하는 여러 가지 이유가 있었다. 신도들을 위해 어디에서든 메카의 방향을 찾을 수 있도록 해야 했고, 신성한 날들을 엄격히 지키기 위해 정확한 달력을 만들어야 했다. 그 과정에서 천문학은 고차원적인 기하학을 낳았다. 평면 기하학 수준을 넘어 구를 연구하는 학문으로 발달해 간 것이다. 그렇게 발달한 천문학과 수학은 이후 천 년간 예술의 형태로 나타난다.

그다음 이야기가 궁금하지 않은가? 작도라는 주제를 두고 뚫어지게 고민할만한 충분한 주제인 것 같다. 이렇게 패턴 속 수학 수업은 이슬람 예술에 관한 이야기를 시작으로 12세기 전 그들의 고민에 함께 들어갔다. 짧은 주제선택 시간이었지만 그동안 학생들은 그들처럼 눈금 없는 자와 컴퍼스만을 가지고 그들이

아름다운 페르시아식 정원 Fin garden
출처 : 내셔널 지오그래픽

전시 「까르띠에와 이슬람 예술, 모던함의 원천」
출처 : 포토저널(http://www.photoj.co.kr)

이슬람 사원에서 볼 수 있는 아라베스크
출처: Matt Allen 핀터레스트

만들고자 했던 패턴을 탐구했으며, 그 둘과 같은 관점을 갖고 현재의 디자인을 관찰하고 나만의 디자인을 만들도록 했다.

수업의 시작, 테셀레이션

대부분의 이슬람 패턴은 테셀레이션으로 이루어져 있다. 그래서 이슬람 패턴을 작도하기 위해서는 테셀레이션에 대한 이해가 우선 되어야 한다. 아래 그림은 테셀레이션으로 유명한 에셔의 작품이다. 테셀레이션은 하나의 도형이 평면 전체를 가득 메운다. 그런 기본 도형을 유닛(unit)이라고 부르자. 아래 테셀레이션의 유닛을 찾았는가? 왼쪽은 도마뱀이고, 오른쪽은 새이다.

본격적인 이슬람 패턴을 작도하기 전에, 작도해야 할 기본 유닛 찾는 것을 연습해야 한다. 그래야 유닛을 작도하고 작도한 유

[Lizard(1942)]

[Two Birds(1938)]

닛을 이어 붙여 패턴을 완성할 수 있다. 대부분의 수업은 크게 다음과 같은 흐름으로 구성된다.

활동 1 : 사진 속 이슬람 문양의 유닛 분석하기

활동 2 : 유닛 작도를 위한 원주 등분할 작도하기

활동 3 : 유닛 작도하기

활동 4 : 유닛 이어 붙여 이슬람 문양 완성하기

이슬람 패턴을 구성하고 있는 유닛을 정확히 찾아야 그다음 단계들을 밟아나갈 수 있다. 하지만 패턴의 유닛을 종종 잘못 찾아내는 경우가 있다. 예를 들면 다음과 같은 상황이다. 옆쪽의 그림은 어느 모스크의 철창에서 볼 수 패턴이다. 이 패턴의 유닛을 찾았는가? 그렇다면 찾은 유닛으로 평면을 겹침 없이 그리고 빈틈없이 채울 수 있는지 확인해보자.

유닛 찾기의 오답으로 ⬡이 많이 나온다. 정말 ⬡으로 평면을 꽉 채울 수 있는가? 욕실 바닥에 타일을 까는 것처럼 빈틈이 없어야 하고, 겹치지 않는 타일을 찾아야 함을 상기시켜준다. 그러면 아이들은 빈틈 ▷을 찾고 빈틈을 적절히 분할하여 조건에 맞는 유닛을 찾아낸다. 새로운 패턴을 관찰하고 유닛을 찾는 경험을 반복하며 패턴을 관찰하는 능력이 향상되어 간다.

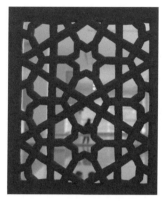

출처 :《태선쌤의 기하학 패턴 여행

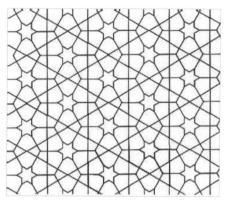

출처 :《말레이시아 브루나이 여행》

패턴 속 수학 차시별 수업 계획

차시	활동 주제	주제별 활동 내용
1~2	테셀레이션과 이슬람 예술	테셀레이션과 이슬람 예술에 대한 이해
	Algeomath 익히기	Algeomath를 이용한 다양한 조건에 맞게 원 그리기 (1), (2)
3~4	Algeomath 익히기	Algeomath를 이용한 다양한 조건에 맞게 원 그리기 (3)
	수직이등분선	수직이등분선 작도
5~6	원의 등분할 작도	원에 내접하는 정사각형, 정육각형 그리기
7~8	이슬람 기하학 패턴 작도 I	원주의 6등분을 이용한 문양 그리기
9~10	이슬람 기하학 패턴 작도 II	원주의 12등분을 이용한 문양 그리기
11~12	이슬람 기하학 패턴 작도 III	원주의 8등분을 이용한 문양 그리기
13~14	소슬금 작도	우리나라 전통 문양 그리기
15~16	Algeomath로 만드는 예술품	자신만의 문양 만들기

* 당사 주제 선택 활동 수업을 1.2회기로 나누어 운영하였다. 한 회기에 해당하는 8주간의 수업 계획이다.

작도를 위한 여정, 지오지브라 배우기

작도 수업을 제대로 해 보기 부담스러운 이유 중 하나는 컴퍼스이다. 컴퍼스를 나눠 주고 중심을 잡아 한 바퀴를 휙 돌리면 그려지는 원인데, 30명 가까이 되는 아이들이 모이면 나는 이 지점에서 왜 이렇게 진땀이 나는 걸까? 눈금 없는 자와 원을 이용하여 원하는 도형을 그리기 위해 고민을 하는 것에 힘을 써야 하는데, 반듯한 원을 그리다 해가 저문다. '작도를 위한 고민'과 '원 그리기' 사이에서 주객이 전도되면 어쩌나 겁이 난다.

클릭, 드래그&드롭. 이렇게 쉽게 원을 그릴 수 있는 프로그램이 있다. '지오지브라'라는 프로그램인데 이는 기하, 대수, 미적분, 통계, 이산수학, 3차원 기하를 쉽게 다룰 수 있는 무료 교육용 수학 소프트웨어이다. 다만, 원을 저렇게 쉽게 그릴 수 있다는 이 프로그램을 제대로 다뤄 본 경험이 없었다. 연구회 선생님들과 함께 근처 학교에 계신 선생님을 초빙하여 지오지브라를 배우기 시작했다. 지오지브라를 배우면서 패턴을 작도하기 위해 익혀 두어야 하는 기본적인 것을 파악했다. 그 내용은 다음과 같다.

◆ **지오지브라 화면 구성과 도구 익히기(점, 직선, 원, 각)**
    당연한 이야기인 듯하지만, 충분히 익히지 않고 수업에 들어가면 본격적인 수업에서 부가적인 곳에 에너지를 더 많이 쓰게 된다.

◆ **수직이등분선 작도**

대칭적인 패턴을 작도하기 때문에 중점을 작도할 상황에 많이 마주한
다. 예를 들면 원주의 12등분할을 작도하기 위해 6등분할을 먼저 작도
한 후 각 점의 중점을 작도한다.

◆ **원의 균등 분할 작도**

유닛 작도의 기본이 되는 원의 균등 분할이다. 이를 바탕으로 유닛을
작도한다.

처음 3주 동안은 '다양한 조건에 맞는 원 그리기' 과제를 주
고 화면 구성과 도구를 익히고, 원이 4등분할, 6등분할, 8등분할
등을 작도하도록 안내했다. 그리고 나서야 이슬람 패턴의 작도
를 시작할 수 있었다.

한편, 지오지브라를 공부하던 중 국내에서 개발한 도형 학습
용 소프트웨어 '알지오매스'를 알게 되었다. 알지오매스는 지오
지브라와 비슷한 소프트웨어이지만, 지오지브라에는 없는 '도형
도구 편집' 기능이 있어 학습자에게 제한된 도구를 줄 수 있다.
덕분에 아이들에게 12세기 전과 같이 눈금 없는 자와 컴퍼스만
사용해야 하는 열악한 환경을 제공해 줄 수가 있었다. 제대로 된
작도학습을 위해선 최상의 환경이다. 이에 더불어 알지오매스에
는 문서기능이 있다. 이 기능을 통해서 온라인 활동지를 만들고
필요한 부분에 지오지브라와 같은 작도화면을 삽입할 수 있다.

129쪽의 표는 알지오매스에서 제작한 한 차시 수업의 화면 구성과 8주차 수업의 활동 화면에 대한 QR코드이다.

삐걱거렸던 시작, 컴퓨터실에서의 수업

순탄한 수업을 위해 갖추어야 하는 환경이 있다. 컴퓨터실에서의 수업은 더욱더 그랬다. 회원가입, 로그인, 브라우저 환경 확인 등이다. 그것을 꼼꼼히 확인하지 못해 선선한 바람이 부는 가을에 진땀을 뺐다. 하지만 지금은 선생님들과 학생들이 온라인 수업을 해 본 경험이 있기에 조금 더 수월히 시도할 수 있을 것이다. 원활한 수업을 위해 미리 점검하고 결정해야 할 것이 몇 가지 있다.

- ◆ **크롬 브라우저 설치**(알지오매스는 크롬 환경에서 구동이 잘 된다.)
- ◆ **알지오매스 회원가입**(로그인이 되어 있어야 활동한 내용들이 저장된다. 만 14세 미만의 아이들이라 법정대리인의 동의가 필요했다. 집에서 미리 회원가입을 해 오도록 해야 한다.)
- ◆ **과제 제출 방법**(당시 컴퓨터실의 마에스트로를 이용해 그림파일 제출하도록 했다. 지금은 각 학교 온라인 플랫폼을 이용하여 제출받으면 좋을 것이다.)
- ◆ **유닛 채색 및 이어 붙이기를 위해 사용할 프로그램**(그림판과 Scratch를 번갈아 사용했다. 알지오매스 상에서 완성된 유닛을 캡쳐하여 Scratch에 불러온다.

1. 아래의 문양에서 패턴(기본을 이루는 다각형)을 찾아 표시하고 문양을 분석해 보자.

2. 위의 기본 패턴을 작도하기 위해서는 원주를 12등분을 해야 한다. 6등분이 아닌 12 등분을 해야 하는 이유가 무엇일까?

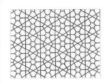

3. 원주를 12등분 할 수 있는 작도 방법에 대해 생각해 보자.

4. 아래 기하창에 원주 12등분을 작도해 보자.

5. 1번 문양의 패턴을 이루는 기본 다각형 문양을 작도해 보자. (위의 결과를 보조선으로 사용하세요.)

6. 기본 패턴을 복사하여 Scratch에서 패턴을 이어 붙여 보자.

7. 과제 제출(파일명 : 인도타일 학번 이름)

출처_https://cafe.naver.com/geometricpattern
2018년 주제선택 수업 활동 알지오매스 사이트

Scratch에서 채색을 하고 유닛을 복사해 이어 붙인다. 이 과정에서 섬세한 채색을 원하는 아이들은 그림판에서 추가 작업을 하였다.)

지금 보면 당연한 것들이지만 당시에는 이런 것을 확인할 생각을 못했다. 어찌 보면 작은 준비과정들이 복잡해 보일 수도 있겠다. 하지만 이 작은 준비가 내가 구상한 대로 수업을 할 수 있도록 도와주었다.

빠져들고 있는 아이들, 몰입하는 순간

하나의 과제를 풀기 위해 종이와 펜을 들고 그 문제만을 한참을 고민하는 과정이 수학의 묘미 아닐까? 이렇게 몰입해 본 경험이 있는가? 수학 교사인 내 욕심으로 아이들이 이런 경험을 한 번쯤은 해 보길 바랐다. 그러다 몇 날을 고민한 문제를 해결하고 뿌듯함을 느껴 보길 바랐다.

아이들의 몰입은 4주차가 지나가고 있을 때쯤 관찰할 수 있었다. 이전까지는 테셀레이션의 이해, 이슬람 예술의 이해, 작도를 위한 기본기를 갖추는 학습을 했다. 4주차에는 처음으로 이슬람 패턴을 작도하는 시간이었다. 이 수업은 두 시간 블록으로 운영되었는데, 첫 번째 교시가 마치는 종이 울렸다. 절반은 자기 자리에서 패턴 작도를 계속하고 있었다.

원래는 수업 마치는 종소리
가 울리면 요정처럼 순식간에 사
라지던 아이들이었다. 쉬는 시간 종
소리에도 움직임 없이 집중하는 모습
이 참 생경하였다. 의도하지 않았지만,
이 모습을 보면서 왠지 할 수 있을 것
같은 근접발달영역의 과제와 넉넉한 시간을 준다면 아이들이 얼
마든지 몰입하게 할 수 있겠다고 생각했다.

누군가에게는 당연한 말로 들릴 수도 있겠다. 하지만 그 당시
나는 영화에 쉽게 흥미를 잃고, 유튜브 동영상도 지루한 부분은
스킵하거나 1.5배속으로 보는 아이들이 하나를 두고 오랜 시간
생각을 한다는 것에 대해 관심을 두고 있었기에 그 발견이 의미
있게 다가왔다. 그날 이후부터는 첫 시간이 마치는 종이 울리면
다 같이 하던 것을 잠시 멈추고 교실 밖에 나가서 치악산을 보고
왔다. 장난스러움으로 무장한 아이들이 모니터 앞에서 진중했던
그 날의 기억이 한 번씩 게을러지는 나를 다잡곤 한다.

점 연결하기(Connecting the dots), 아이들의 성장

아이들은 이 수업을 통해 무엇을 얻었을까?
첫째, 작도에 대한 심상 형성이다. 수직이등분선, 중점, 원의 중

심, 다각형, 대칭 등 수업에서 주로 다루던 개념들에 대한 심상이 풍부해졌음을 관찰할 수 있었다. 수학 수업을 준비하면서 항상 아쉬운 부분이 개념에 대해 심상이 형성될 풍부한 기회를 주지 못한다는 것이다. 개념에 대한 심상이 없을수록 낯설고 그래서 어렵다고 느낀다. 충분한 시간을 갖고 활동하였기에 이 과정에서 작도에 대한 고민이 깊어졌고, 의미가 내면화되었다고 생각한다.

둘째, 패턴에 대한 디자인적 안목이다. 패턴을 바라볼 때 Zoom in, Zoom out을 해서 보는 관점이 생겼을 것이고, 패턴의 구조를 관찰할 것이다. 'Connecting the dots.' 2005년 스탠퍼드대학 졸업식에서 했던 스티브 잡스의 연설 내용 중 일부이다. 아름답지만 실질적으로 도움이 될 것 같진 않다고 생각하며 들었던 캘리그라피(dot) 수업이 10년 후 매킨토시(dot) 창업 시 고스란히 영향(connecting)을 주었다고 한다. 현재 '점'에 불과한 사건들이 의미 있는 연결고리를 만나 미래에 생각지도 못한 결

드르쿰다 카페의 책장

책장을 보고 작도한 학생의 작품

생각 쑥! 역량 쑥! 교과연계 주제선택 수업 2

과를 낳게 될 수도 있다는 것이다. 패턴 속 수학(dot)을 수강한 학생들이 언젠간 각자만의 분야(dot)에 접목시켜(connect) 새로운 것을 창조하는 순간이 오기를 바란다.

선생님들과의 성장

새로운 존재는 우리에게 설렘과 두려움을 함께 준다. 새 학기가 그렇고, 주제선택 활동이 나에겐 그랬다. 주제선택 활동을 계획할 때 새로운 것을 해 보려는 마음과 두려운 마음이 공존해 있었다. 두 마음이 엎치락뒤치락하던 중 연구회 선생님의 한마디에 용기가 생겼다.

"선생님들~ 문태선 선생님이 쓰신 책 중에《말레이시아 브루나이 여행》이라는 책이 있는데, 이슬람 패턴 작도에 관한 거예요. 주제선택 수업으로 같이 연구해 볼래요?"

이 한마디가 '패턴 속 수학' 수업 연구의 시작이었다. 혼자서 하기 쉽지 않은 시도이기에 협력하게 되는 계기가 되었다. 수업을 만들면서 '함께 머리를 맞댈수록 좋은 수업이 나올 수 있구나'를 몸소 경험하였다. 혼자서 새로운 교과 심화 수업을 탄탄하게 구성하기란 쉽지 않다. 그저 흘려들을 수 있는 신입 교사의 엉성

한 아이디어도 다듬어진다면 수업에서 의미를 가질 수 있고, 경력 교사의 경험들도 늘 새로워져야 한다는 것을 보고 배웠다.

아이들에게도 의미 있는 수업이였지만, 선생님으로서도 참 의미 있는 수업이었다. 어쩌면 주제선택 활동이 교과의 수업 연구 문화를 확산할 수도 있다고 생각한다.

"어려울 때 우리는 가장 많이 성장한다는 것을 항상 기억하라."

조지 워싱턴의 말이다. 언젠간 또다시 새로운 시도 앞에서 고민하고 있을 미래의 나와 고민 중이신 동료 선생님들께 용기를 한술 보태 드리고 싶다.

참고자료
2018년 자유학기교사연구회 결과보고서 〈작도와 패턴을 활용한 주제선택 수업〉 자료
문태선, 《말레이시아 브루나이 여행》

사회

장은영

사회과 주제선택 프로그램
민주시민왕 운영기

우리가 선거권이 없지, 생각이 없냐?

수업 소개 ———————————————————————————

진도 나가야지. 수업 시간에 이걸 어떻게 해? 계획한 시간 안에 다 못하면 어쩌지? 망하면 어쩌지? 재미도 없고 의미도 없는 활동으로 끝나면 어쩌지? 무한 걱정 루프 에서 한발 나와 소심하게 도전한 사회과 주제선택 프로그램 운영 이야기.

우리가 선거권이 없지,
생각이 없냐?

주제선택 프로그램을 계획하며

사회과 교사로서 민주시민 육성은 마음의 짐(?) 같은 것이었다. 사회 교과의 궁극적인 목표이자 세상살이에 꼭 필요한 소양이고 역량이라는 것을 알지만 진정 내가 수업을 통해서 민주시민을 육성하고 있는가? 라고 물었을 때 '그렇다!' 보다는 '그래야할 텐데'가 더 가까운 마음이다.

학문의 방향과 현실의 삶이 별개가 아닌데, 학교 현실에서 교과 수업의 운영이 민주시민의 자질 함양이라는 큰 방향성을 가지고 있었는지 새삼 생각해 보게 된다. 진도, 평가, 업무, 학생들이 창조하는 다양한 예측 불가한 사건 사고 수습 등 눈앞에 닥친 하루의 과제를 깨나가는 것만으로도 충분히 바쁜 삶이었다고 자기 합리화를 해 본다.

자유학년제 교육과정에서 특히 주제선택 프로그램은 교과와

연계되는 프로그램을 개설하는 것으로 관심 있는 교과 분야에 대해 심층적인 활동이 가능하다. 하여, 주제선택 프로그램을 계획하면서 평소 아쉽게 느꼈던 교과 활동이 무엇이었는지, 교과와 관련하여 어떤 부분을 연계 심화시켜 구성해야 하는지 고민하게 되었다.

개인적으로 나의 수업 활동에서 사회적 현안에 대해 학생들의 의견을 나누고 참여하는 기회와 경험이 많지 않다는 생각이 있었고, 이 분야의 활동을 통해 학생들이 사회 구성원으로서의 위치와 역할에 대해 직간접적으로 느껴 보면 좋겠다는 생각이 들었다.

구체적인 활동 계획을 구성하면서 의미도 있고 재미도 있는 수업을 잘 진행할 수 있을까 걱정도 있었지만, 교과 수업에서는 충분히 시도해 볼 수 없었던 시민 의식과 문제해결력 발휘, 사회 참여 경험을 쌓을 수 있는 활동들을 중점적으로 계획했다.

이런 목표를 세워 운영했던 첫 번째 주제선택 프로그램은 '민주시민왕'이라는 프로그램이다. 당시에는 민주시민교육 활동을 단순 명료하게 강조할 수 있다고 생각하여 나름 고심하여 작명한 프로그램명인데, 지금 생각하니 매우 일차원적인데다가 민주시민과 왕? 민주시민의 왕? 어떻게 해석해도 모순적인 느낌이 들어서 웃기고 부끄럽다.

민주시민왕 프로그램의 운영 목표

- 현재의 사회 이슈에 대해 의견을 나누고 청소년들만의 시선으로 해석해 보면서 사회적 이슈가 어른들만의 것이 아님을 깨닫고 사회 구성원으로서의 위치를 느껴 본다.
- 사회적 이슈와 관점을 공유하여 청소년들의 관심과 민감도를 높이도록 한다.

이름만큼이나 거창한 목표와 방향을 세워 보았다. 사실 민주시민의 자질 함양이 얼마나 되었는지는 자신이 없지만 일단 지도 교사로서 이 활동 시간이 재미있었는데, 학생들의 참여가 생각보다 열정적이었고 아주 신선했기 때문이다.

민주시민왕 활동 1 : 잊힌 독립운동가의 삶

활동을 시작하며

: 이 활동의 목적과 의미에 대해 충분히 알려주자.

2학기 시작과 함께 급하게 계획된 활동으로, 여름 방학 중 강원도 교육연수원에서 주최한 연해주 지역 독립운동 연수에 참여하면서 큰 감명을 받아 뭐라도 해야겠다는 마음으로 계획하게 되었다. 대중에게 많이 알려지지 않은 독립운동가 중 한 분을 선정하여 그분의 일생을 조사하고 그것을 알릴 수 있는 다양한 시도를 직접 해 보자는 것이 활동의 방향이다. 구체적인 운영의 흐름은 다음과 같다.

차시	활동 계획	활동 내용
1~2차시	활동 계획과 방향 소개하기	방학 중 나의 연해주 지역 독립운동 탐방기 소개 차이 나는 클라스 - 박환 교수 편 페치카 최재형 선생님의 인생 소개 독립운동가 퀴즈 맞추기
3~4차시	모둠별 소개하고 싶은 독립운동가 선정하기	자료 검색을 통한 모둠별 인물 선정, 자료 수집 및 도서 선정 인물, 선정 이유에 대한 모둠 활동지 작성
5~8차시	선정한 독립운동가와 관련한 독서 토론	선정 도서 읽기, 독서를 통해 알게 된 점, 인상 깊었던 점에 대한 모둠내 토론 및 활동지 작성

9~10차시	선정 인물을 어떻게 알릴 것인지 모둠별 계획 짜기	선정한 인물에 대해 꼭 알리고 싶은 점, 강조하고 싶은 점, 그에 맞는 방법 브레인스토밍을 통한 계획서 작성
11~14차시	독립운동가 알리기 계획 수행	알림판 만들어 전시하기, 가장 인상 깊었던 내용 연극으로 발표하기 등 모둠별 계획에 따라 진행
15~16차시	조별 발표 및 평가	모둠별 활동을 차시별로 소개하고 결과물을 발표, 질의 응답 진행, 청중평가 및 교사 평가지 사용

일주일에 2시간씩 운영되었으니 꼬박 2달은 걸린 활동이 되었다. 당시 방학을 맞아 다소 가볍고 즐거운 마음으로 참여하게 되었던 연해주 지역 독립운동 탐방을 통해 타국에서 일생을 바치신 많은 분의 헌신과 희생, 보존되지 못하고 점차 사라져가는 역사적인 장소들을 알게 되며 사회과 교사로서의 어떤 반성과 책임감을 막중하게 느꼈다.

곧 2학기가 시작되고 이런 감정이 충만한 시기에 학생들에게 탐방기의 생생한 썰(?)을 풀었더니 이 활동의 목적과 방향을 잘 공감해 주었다. (마침 개학은 광복절이 얼마 지나지 않은 시점이었고 올해가 3.1운동 100주년이라는 멘트를 날리며 애국적 분위기를 조성하자 학생들은 "이거 왜 해요? 아, 하기 싫어요"와 같은 단골 멘트를 차마 내뱉지 못했다.)

아무튼 활동을 시작하는 초반에 활동을 계획한 계기와 방향을 자세하게 소개하여 활동의 당위성이 납득 되도록 하는 것이 매우 중요하다고 생각한다.

운영하며

: 구체적인 안내 및 활동 가이드를 제시하고, 틈틈이 방향을 점검하자.

협력과 다양한 아이디어를 나누며 더욱 풍성해지는 모둠 활동을 기대하지만, 막상 시작해 보라고 하면 막막한 느낌부터 오는 것이 당연지사. 하여, 학생들에게 그날 수행해야 할 과제와 범위를 분명히 제시하고, 무임승차를 가급적 예방할 수 있는 활동지를 구상하고자 노력하였다. 학생들에게는 활동 방향에 대해 구체적인 지표가 되고, 교사에게는 개인 및 모둠 활동 과정을 충분히 확인하고 피드백을 줄 수 있는 근거가 되도록 활용하였다.

활동	활동지에 제시된 개인별, 모둠별 활동 과제 (차시별 활동 방향과 구체적 분량 제시)
인물 선정 및 독서록 개인별 작성	- 선정 대상과 선정한 이유 토의 작성 - 참고 도서 및 참고 영상 정리 - 매 차시별 독서 활동 일시, 페이지, 마음에 남는 내용, 내 생각 정리
인물을 어떻게 알릴 것인가, 모둠 계획서 작성	- 내 마음에 남았던 부분을 정리해 보자 (글귀, 삶의 자세, 업적 등) - 친구들에게 잠깐이라도 관심을 가지게 할 수 있는 좋은 방법은? - (영상, 교실 안내문, 방송, 복도 게시물, 축제 부스, 퀴즈, 연재만화 등)
모둠 활동의 강조점과 역할 분담 계획	- 모둠 활동의 큰 방향 세우기 : ○○○에 대해 △△△을 알리자! (목적과 방향이 뚜렷하지 않으면 활동이 산으로 간다.) - 모둠 활동의 구체적 계획 세우기 - 제목 선정 이유 (시선을 끌 수 있으며 의미가 있어야 함) - 내용 1) 몇 개의 파트로 구성할 것인가? 2) 어떤 내용으로 구성할 것인가? 3) 어떻게 전달할 것인가? 4) 역할 분담의 결과 표시

평가 기준에 따라 모둠 활동 과정 점검	- 모둠 평가 기준 1) 인물에 대한 정확한 정보를 기반으로 했는가? 2) 타인의 관심과 시선을 끌 수 있는 장치들을 구성했는가? 3) 시각적으로 정리가 잘 되어 전달력을 갖추었는가? 4) 각 파트가 잘 연계되어 있는가? 5) 역할 분담이 공평하고 협력적으로 진행되었는가? - 개인별 평가 기준 1) 인물 독서록이 잘 정리되어 있는가? 2) 모둠에서 본인이 담당한 파트 구성이 충실한가? (내용, 분량) 3) 집중력 있게 참여 및 협력하였는가?

활동지는 매 차시별로 걷어 개인별, 모둠별 진행 상황을 확인하고 가장 신경 썼던 부분은 활동 내용에 대해 눈에 띄는 점과 보완하면 좋을 점에 대해 자세히 피드백을 주는 것이다. 방향을 잡아 주고 보완할 내용을 제시해 주면 길을 잃은 모둠 활동이 다시 활력을 찾게 되곤 하였다.

모둠이 정한 홍보 방법이 알림판 제작으로 기울면서 강조한 점은 '한 번이라도 눈길을 받을 수 있는 요소'를 구성하자는 것이다. 게시했을 때 한 번쯤은 관심을 받을 수 있는 제목과 구성을 만들어 보기 위해 여러 번의 협의와 수정 과정이 있었다. 아이들은 교사의 피드백을 잘 이해했고 반영하기 위해서 나름대로 많은 노력을 쏟았다.

학생들의 결과물

: 진행된 모둠 활동의 방향을 간략히 정리해 보면 다음과 같다.

모둠	선정 인물	선정 도서	강조하고 싶은 점	홍보 방법
1	서영해	파리의 독립운동가 서영해	머나먼 프랑스에서 활동한 독립운동가가 있었다고?	안내판 및 소개 영상 제작
2	이위종	시베리아의 별 이위종	헤이그 특사 중 한 분 이셨던 이위종 선생님의 인생을 소개한다!	안내판 및 소개 영상 제작
3	박 열	운명의 승리자, 박열	박열 선생님의 사이다 언행!	안내판 및 소개 영상 제작
4	남자현	남자현 평전	총을 들었던 여성 독립운동가	안내판 및 소개 영상 제작
5	정정화	장강일기, 정정화	임시정부의 살림꾼	안내판 및 소개 영상 제작

자유학기 전시회 기간을 통해 학생들이 만든 알림판을 전시하고 제작 영상을 1학년 전체 학생 대상으로 상영하는 시간을 가져 보았다. 학생들은 자신들의 결과물과 영상이 상영되자 쑥스러워하면서도 2달 동안 많은 정성을 기울인 과정이 있었기에 뿌듯해하는 모습도 보였다.

특히 영상을 제작할 때는 전시회 기간까지 시간이 촉박한 관계로 알아서(?) 해 보라고 하며, 세세한 보완 과정을 거치지 못했는데 어쩜 그렇게 각 모둠원 특색이 그대로 담겨 나왔는지, 어색

학생들이 제작한 잊힌 독립운동가에 대한 알림판

그 당시 전율할 노파라고 불리었던
남자현 열사!

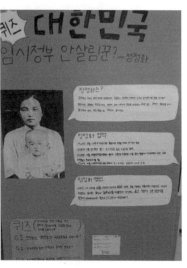

알림판의 퀴즈를 맞히면 상품이 있습니다~
로 참여를 유도한 모둠!

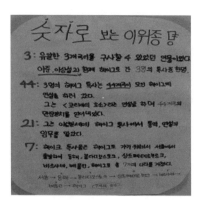

이위종 선생님의 인생을
숫자로 풀어낸 모둠!

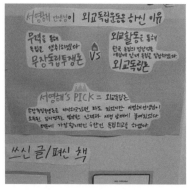

무장파와 외교파의 대립 속 서영해 선생님의
독립운동 방향은?

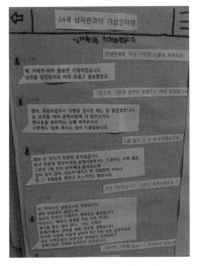

남자현 선생님과의 가상 대화(카톡)로   발표하는 장면
그 당시 상황을 펼치다

하게 등장한 남학생들과 야무진 여학생들이 만든 애니메이션 효과의 영상 등 요즘 아이들의 기막히고 코막히는 감각을 엿볼 수 있었다.

어설프기에 그래서 재밌었고, 그래도 활동의 방향을 잘 이해하고 표현하려 노력한 흔적에 내심 감동한 수업이다.

발표와 평가를 진행할 때, 평가 체크리스트 및 개인 의견을 정리할 수 있는 평가지를 제작하여 활용하였더니 평가 체크리스트를 보고 나서 결과물을 다시 다듬는 모습도 보였다. 이후 취합된 평가지와 의견들을 공개하여 교사와 다른 학생들의 의견을

청중 평가지

잊혀진 독립운동가의 삶, 돌아보기 발표 및 평가

결과 합산표 제공

조이름	청청화초									
정확성	4	5	5	5	5	5	4		5	5
흥미성	4	5	5	5	4	5	4		5	4
시각성	5	5	5	5	4	5	5		4	5
연계성	5	5	5	5	5	5	3		5	5
협력성	5	5	5	5	5	5	3		4	5

직접 확인할 수 있도록 하였는데, 프로그램 운영 관련 설문에서 학생들은 2달에 걸쳐 참여한 활동에 대해 교사와 동료들의 구체적인 평가를 받아볼 수 있다는 점이 좋았다는 의견이 많았다.

정리하며

: 학생들의 다양한 모습을 발견하는 자유학기 수업

모둠 활동이 항상 원활하게 진행되었던 것은 아니다. 남학생들끼리 뭉쳐 만든 모둠은 늘 잡담 반 활동 반이었고 어떤 모둠은 모둠원이 비협조적이거나 진지하지 않아서 화가 난다는 불만도

생각 쑥! 역량 쑥! 교과연계 주제선택 수업 2

있었다. 나 역시 그런 부분들을 막아 보고자 숨이 막히게 치밀한 활동지도 구성해 보고 모둠 활동에 의견을 주는 척 기웃기웃 감시하기도 했지만, 구성원의 능력이나 관심도가 달라서 어쩔 수 없는 부분들이 있었다.

그러나 잡반활반 남학생 조는 여학생들의 꼼꼼한 결과물을 보자 승부욕에 불타올라 따로 모여 활동 결과물을 뒤늦게 수정해 오기도 하고, 선정한 도서보다 거울을 더 많이 본 여학생도 게시판을 만들 때는 자신의 메이크업 감각을 발휘하여 멋지게 꾸며내는 재능을 발휘하였다. 늘 말이 없어 모둠원들이 답답하다 했던 남학생은 발표 시간에 연극 톤으로 인물의 대사를 읊어 발표를 캐리(주도하여 이끌다)하면서 모둠원들의 사랑을 받았다.

교과 시간, 강의 위주의 수업 활동이나 지필 중심의 평가였다면 볼 수 없었을 학생들의 다양한 모습을 만날 수 있었고, 주제 선택 프로그램을 운영하며 학생들 한 명, 한 명 가까이 만나고 자세히 알 수 있었다.

민주시민왕 활동 2 : 뉴스 비교하기

두 번째 활동은 갑작스럽게 운영된 활동이지만 가장 기억에 남는 에피소드이기도 하다. 때는 한참 조국 전 법무부 장관의 임명과 관련한 소식이 온 뉴스에 도배되던 시기였다. 연일 임명에 대한 찬반 촛불집회가 광화문과 검찰청 앞 양쪽에서 열릴 만큼 언론의 입장과 세상의 견해 대립이 팽팽하였다.

누군가 툭 가볍게 던진 이 이슈에 학생들끼리 불이 붙었다. '아니, 너희들도 여기에 관심을 가진다고?' 하는 마음으로 흥미롭게 듣다가 어떻게 생각하는지 전체적으로 의견을 나누어 보았다.

당시 엄청난 의견 대립이 있었기에 개인적 의견은 접어 두고 모든 견해를 존중하는 마음으로 경청하고 있는데, 도저히 그냥 넘길 수 없는 발언들도 나왔다. 그 표현을 그대로 여기에 옮길 수는 없지만, 학생들이 극단의 성향을 가진 매체를 자주 접촉하고 있고 별생각 없이 그 영향을 많이 받는다는 것을 절감한 순간이었다.

이를 계기로 원래 하던 활동을 잠깐 밀어놓고 약 한 달간, 조국 장관 임명에 관한 의견 나누기와 언론 매체 비교 활동을 하고 그 내용을 알림판으로 만들어 복도에 게시하였다.

차시	활동 계획	활동 내용
1~2차시	뉴스 시청 비교하기	2020년 9월 30일 9시 뉴스 시청(방송 3사) 헤드라인, 세컨 기사 정리 법무부 장관 임명 관련 기사 분석 (자막, 제공화면, 논조, 분량 등)
3~4차시	뉴스 비교 활동 발표 및 피드백	개인 활동지 피드백 제공하며 잘된 점, 보완해야 할 점 의견 나누기
5~6차시	게시물 제작 및 활동 영상 제작	모둠별 역할 아이디어 수집, 제작, 게시 활동 과정 및 내용을 소개하는 영상 제작, 상영

언론 매체 비교 활동을 위해 방송 3사의 뉴스를 비교하는 활동을 할 때, 기사 분석 활동지를 숭덩숭덩 채워 넣은 학생들도 있지만 섬세하고 꼼꼼한 학생들의 분석 활동은 나를 깜짝 놀라게 하였다. 수직선에 자신이 느낀 관점을 표시하여 직관적으로 이해할 수 있도록 표시하기도 하고, 자막에 쓰인 단어가 주는 느낌까지 비교해 넣은 결과물을 보면서 교사로서 책임감이 느껴져 평가를 대충 할 수가 없었다.

교실 프로젝터 화면에 모든 학생의 활동지를 차례로 보여 주면서 다양한 생각들을 함께 살펴보았다. 나와는 다른 여러 생각을 비교하고 표현하는 방식을 확인하면서 서로에게 많은 배움이 일어난 시간이었다.

처음 이 활동을 시작하게 된 것에서부터 심화된 활동으로 이어지는 모든 과정에서, 교사인 나는 미리 구체적인 계획을 하기보다는 당시 상황에 대한 학생들의 관심이나 참여도에 따라 방향만 제시했을 뿐이다. 그런데도 나름대로 의미 있는 활동이 된 것은 나의 예상을 뛰어넘는 학생들의 관심과 참여가 있었기 때문이다.

오히려 교사인 내가 더 열심히 해야겠다는 생각이 들게 하는 그들의 관심과 열정이라니, 그 해 '운이 좋았다'라든지 '합이 좋았다' 이렇게밖에 표현할 길이 없다. 학생들이 최소한 어떤 매체를 접할 때 매체가 가지고 있는 시각과 색깔을 비판적으로 받아들이고 수용해야겠다는 생각을 한 번쯤 해 보게 되었다면 그것으로 충분하다고 생각한다. 이 핫이슈가 우리 역사에서 어떻게 마무리되고 평가되는지 관심을 가지고 끝까지 지켜 보자고 했는데….

애들아, 요즘도 뉴스 잘 보고 있니?

민주시민왕 활동 3 : 우리 학급에 필요한 변화는?

세 번째 활동에서는 좀 더 한 발 앞으로 나가 보기로 했다. 이슈에 관심을 가지고 바람직한 변화 만들어보기! 세상을 바꾸는

활동 과정 및 결과물

3사 뉴스 비교하기 활동

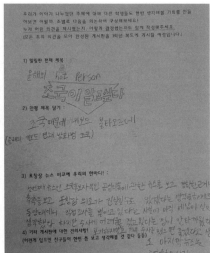

알림판 제작 조별 계획서

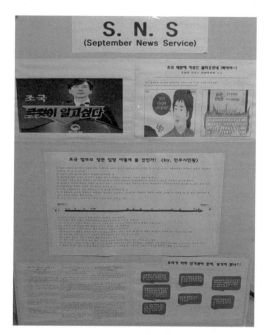

복도에 전시한 게시판

십대(줄여서 세바십)라고 또 어찌나 이름을 거창하게 지었는지 혼자 감탄해 본다.

주위 다른 선생님들의 체인지 메이커 활동에 큰 감화를 받아 민주시민왕 활동을 변화와 대안의 모색으로 확장해 보고자 한 것이었다. 그러나 시작부터 난관을 겪게 되는데, 그것은 갑자기 툭 튀어나와 세계를 암흑 구덩이에 빠뜨린 코로나19였다. 원격 수업이니 줌이니 신문물을 찾아 익히기 바쁜 날들이었기에, 온라인으로 시작된 활동이 활발하게 진행되어 의미 있는 성과가 있었다는 미담은 나의 능력 밖 이야기였다. 계획을 어쩔 수 없이 수정해야 했다. 학교와 지역사회 문제점을 찾아 대안을 찾아 실행해 보자는 나의 큰 계획은 원격 수업의 한계로 학급별 문제 개선으로 대체되었다.

코로나로 인해 급변하는 상황 속에서도 어떻게든 살아가는 우리 인류처럼 아이들도 원격 수업이라는 어려운 조건 속에서도 나름대로 자신의 학급에서 필요한 변화가 무엇인지에 대해 의논하고 방안을 찾으려 노력했다. 문제의 방향은 크게 두 가지 주제로 수렴되었는데, 욕설 사용 문제와 코로나로 취소되는 교내 행사 및 학급 활동에 대한 문제였다. 각자 선정한 문제에 대해 다른 학생들도 얼마나 공감하는지 조사해 보고 이에 대한 해결 과제를 조별로 의논했는데 열네 살 다운 귀여운 아이디어와 넘치는 행동력을 보여 주었다.

욕설 사용의 심각성에 대한 설문조사를 통해 학급 구성원들의 생각을 정리하고 욕설 사용을 줄이기 위해 다양한 방안을 모색해 보았다. 처음에는 욕설에 대한 벌점과 벌칙 등의 강제적이고 응보적인 제재가 주로 제시되었으나 점차 긍정적이고 즐거운 목표 달성 분위기가 중요함을 인식했다. 욕설을 하는 친구에게 마음의 치유와 언어 습관 개선 노력을 응원하는 쪽지를 보내 기분이 상하지 않게 격려하는 분위기를 만들어 가는 모습이 참 예뻤다.

욕설로 상처받았던 경험 사례를 조사한 후 영상으로 만들어 학급에 상영하기도 했고, 자신의 끼를 살려 언어 사용에 대한 경각심을 주는 랩을 창작하여 (흔한 욕설 사용 지도 영상은 거부한다며) 뮤직비디오를 한편 완성하겠다는 포부를 밝히기도 하였다.

코로나로 취소되는 교내 행사 및 학급 활동에 대한 대안으로 학급 대항 체육 대회 및 온라인 게임 대회 등을 계획해 보았지만 실행하지는 못하고 끝나게 되었다. 그들의 톡톡 튀는 아이디어를 제대로 추진할 수 있도록 좀 더 이끌어 주었더라면 하는 아쉬움이 남는다.

주제 선택 활동을 운영기를 정리하며

어떤 결과를 떠나 학생들이 활동을 통해 체감하길 바라는 부분은 '변화를 위해 행동하는 사람이 되자, 우리에게는 그렇게 할 능력도, 의무도 있다는 것'이었다. 작은 행동이 모이고 모이면 많은 변화가 가능하다는 것을, 그래서 '나 한 사람으로 되겠어?'가 아니라 '나 한 사람이라도'의 마음을 새겨 보자는 것이었다.

이것은 나에게도 적용되는 이야기이다. 교과 지도와 관련해서 '이렇게 해서 생각만큼 잘 될까?'와 같은 마음으로 엄두도 내지 않던, 시도하지 않았던 많은 것들에 대해 '할 수 있는 것부터, 할 수 있는 만큼만'이라는 스스로의 답을 찾을 수 있게 해 준 값진 경험으로 남았다. 아이들은 생각보다 세상사에 관심이 많았고, 생각과 주장도 뚜렷했다. 어른들의 시각을 답습하는 것 같으면서도 그들만의 순수함이나 패기가 살아있다.

아이들이 제작했던 활동 소개 영상 마지막 문구가 나의 느낌을 너무나 잘 대변해 준다.

'우리가 선거권이 없지, 생각이 없냐?'

이렇게 넘치는 재치라니, 덕분에 즐거웠다 얘들아.

소통하는 법(法)

딱딱한 법을 말랑말랑하게 녹이는 모의재판 수업

수업 소개

모의재판은 학생들이 평소에 접하기 어려운 재판을 직접 체험해 볼 수 있는 기회를 제공한다. 학교폭력 사건을 구상하고, 재판을 준비하고, 배심원이 되어 평결을 내리면서 학생들은 서로 소통하는 법을 배우고, 법이 멀리 떨어져 있는 것이 아니라 우리의 일상생활과 소통한다는 것을, 즉 소통하는 法(법)을 경험한다. 딱딱한 법을 말랑말랑하게 녹일 수 있는 시간, 바로 모의재판이다.

딱딱한 법을
말랑말랑하게 녹이는
모의재판 수업

'착하게 살자!'

수업에 관심이 하나도 없어서 수업 시간에 장난을 치거나 엎드려있었던 한 학생. 다른 친구들과 자주 싸워 학교폭력 사건에도 종종 연루되었던 학생이었다. 모의재판 후에 느낀 점을 적는

왜 모의재판인가?

드라마나 영화에서 접하기 쉬운 소재

교육연극 형태로 진행

학생의 흥미와 관심을 유도하는 수업 방법

칸에 쿨하게 아무것도 쓰지 않았을 것이라 생각했는데, 한 줄 적혀있었다. '착하게 살자!' 짧지만 명쾌한 문장이었다. 성인이 된 그 학생이 과연 착하게 살고 있을지는 모르겠지만, 그의 소감은 교사인 나에게 모의재판 수업을 계속 이어가게 하는 계기가 되었다. 평소 수업에 참여하지 않는 학생들도 모의재판을 통해 느끼는 바가 있다면 의미가 있는 수업이지 않을까.

모의재판이란?

모의재판은 말 그대로 실제 재판을 본떠서 하는 가상의 재판을 의미한다. 법정이라는 무대에서 학생들이 직접 판사, 검사, 변호인, 피고인, 증인 등의 역할을 정해서 자신이 하고 싶은 이야기

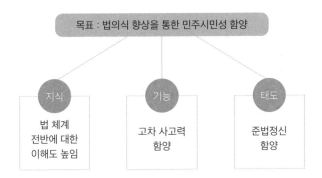

모의재판의 교육적 효과

목표 : 법의식 향상을 통한 민주시민성 함양

지식	기능	태도
법 체계 전반에 대한 이해도 높임	고차 사고력 함양	준법정신 함양

를 논리적으로 밝히는 것이다. 모의재판은 학생들의 흥미와 관심을 끌어낼 수 있는 교수학습 방법으로 법의식의 향상을 목표로 한다.

모의재판은 교육 연극 형태로 학생들에게 재판 과정을 '바로 지금, 눈앞에서' 생생하게 체험할 수 있는 기회를 제공할 수 있다. 연극은 감상을 목표로 하지만 교육 연극 일종인 모의재판은 준비과정 및 결과 분석과 이해를 통한 교육적 효과를 중시한다 (곽한영, 2014). 따라서 모의재판은 일회성으로 재미를 추구하는 활동이 아니다. 모의재판 수업이 교육적 목적에 맞게 활용되기 위해서는 치밀하게 계획을 세워 단계별로 진행되어야 한다.

학교폭력, 모의재판과 만나다

모의재판 수업에 활용하는 재판 유형은 국민참여재판이다. 국민참여재판은 형사재판에서 피고인이 원하는 경우 실시하는

모의재판 주제 선정 Tip

학교폭력 사건에서도 살인 사건은 제외한다. 학교폭력을 주제로 사건을 구상하라고 하면 학생들은 피해자를 죽게 만드는 경우가 종종 있다. 피해자가 사망할 경우 재판의 내용이 무거워질 수 있다. 또한 배심원은 피고인의 유무죄 여부에 관해 판단해야 하는데, 피해자가 죽으면 피고인의 유죄가 확정될 가능성이 커져서 재판의 몰입도와 긴장감이 떨어질 가능성이 크다.

데, 배심원이 피고인의 유무죄를 결정한다.

　형사사건으로 모의재판이 진행되는데, 이를 위해 학생들은 직접 범죄 사건을 구상하고 대본을 작성한다. 재판의 내용은 학교폭력 사건으로 한정한다. 학생들에게 자유롭게 재판의 주제를 선택할 기회를 주면 자칫 연쇄 살인과 같은 자극적이고 끔찍한 사건이 등장할 수도 있다. 이러한 주제는 학생들이 다루기 어렵고 내용도 복잡하다. 그래서 학생들이 학교생활 중에 경험해 봤거나 앞으로 겪을 수 있는 학교폭력을 주제로 정하도록 한다.

　학교폭력을 다루기 때문에 수업에서도 학교폭력과 관련된 법에 대해 학습한다. 학교폭력의 유형을 다양한 사례를 통해 알아보고 퀴즈로 배운 내용을 확인한다. 이러한 과정을 통해 학교폭

력도 범죄가 될 수 있다는 경각심을 가질 수 있어 자연스럽게 학교폭력 예방 효과도 높일 수 있다.

모의재판 수업의 진행 과정

모의재판 수업은 프로젝트 수업으로 구성하여 다음과 같이 진행한다.

구분	단계	주요 활동		핵심역량
STEP 1	학습 단계	• 법의 의미와 목적, 재판의 의미, 재판의 종류		정보활용능력
		• 형사재판 절차, 국민참여재판, 드라마로 보는 형사재판, 학교폭력 OX 퀴즈		비판적 사고력
STEP 2	준비 단계	• 모둠별 학교폭력 사건 구상, 개요작성 • 개요 선정 및 팀 구성(A, B팀) • 대본 작성, 증거자료 제작 • 팀별 대본 연습		의사소통 및 협업 능력 창의적 사고력
STEP 3	시연 단계	**A팀: 모의재판 시연** • 교실을 법정으로 꾸미기 • 역할에 맞게 모의재판 진행 • 중간중간 배심원 질문 정리 • 자기평가지 및 소감문 작성 **B팀: 배심원** • 배심원 선서 • 배심원 기록지 작성 • 피고인 유무죄 평결	A팀과 B팀을 바꿔서 한 번 더 진행	의사결정력 및 문제해결 능력
STEP 4	평가 단계	• 자기평가지와 배심원 기록지 작성 과정평가에 반영 • 논술형 평가, 기사 작성 등 다양한 방식으로 평가 가능		메타인지

교과 내용을 배우고 잘 이해했는지 체크합니다. 그리고 학교폭력에 대해 퀴즈로 알아보고 드라마 장면을 보면서 형사재판 절차, 국민참여 재판에 대해 학습해요.

모의재판은 중학교 1학년 사회 교과서 'X. 일상생활과 법' 단원과 연계하여 진행하였다. 교과서에 나오는 법의 의미와 목적, 다양한 생활영역과 법, 재판의 종류와 공정한 재판을 위한 제도에 대해 학습한다. 교과 내용을 학습할 때는 학생들이 법에 대해 친근하게 다가갈 수 있도록 다양한 활동을 병행한다. 예를 들어, 법의 목적인 정의에 대해 생각해 보기 위해 마이클 샌델의 《정의란 무엇인가》에 등장하는 딜레마 상황을 제시하고 학생들의 의견을 물어보았다. 또한 자율 주행 자동차 설계 시 사고가 났을

법적 딜레마 상황에 대한 학생 활동지

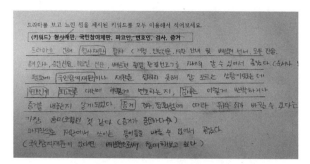

드라마로 보는 형사재판 활동지

학교폭력 OX 퀴즈 및 사례 정리

경우 운전자를 먼저 살릴지, 보행자를 살릴지 결정하는 딜레마
상황을 주고 글쓰기 활동을 전개하였다. 교과 내용을 잘 이해했
는지 확인하기 위해서 초성 퀴즈 형태로 테스트를 진행한다. 테
스트에서 일정 점수를 득점하지 못한 학생은 방과 후에 남아서
틀린 부분을 노트에 쓰면서 공부하고 가도록 했다. 모의재판은

법과 재판에 대한 이해를 바탕으로 진행되는 활동이기 때문에 개념 학습이 되어있지 않으면 참여하기 어렵기 때문이다.

교과 내용 외에 모의재판을 진행하기 위해서는 국민참여재판과 형사재판 절차에 대해 추가로 학습하여야 한다. 이를 위해 드라마와 영화에 나오는 재판의 주요 장면을 보면서 실제 재판의 진행 과정에 대해 살펴보았다. 또한 학교폭력과 관련된 법, 학교폭력의 다양한 사례를 퀴즈로 풀어보았다.

STEP 2 : 준비단계

> 학교폭력 사건 개요를 만들고 피고인의 유무죄 여부를 가리기 어려운 내용으로 대본을 작성합니다. 피고인의 범죄 사실을 입증하고 피해자의 무죄를 주장하기 위한 증거자료도 제작합니다.

먼저 선배들이 만들었던 모의재판 대본을 예시로 보여 주고 모둠별(한 모둠 당 3~4명)로 학생들에게 학교폭력 사건을 구상하도록 하였다. 모둠별로 발효한 후 2개의 개요를 선정하였다. 선정

모의재판 개요 작성 Tip

모의재판 대본의 핵심은 피고인의 유무죄를 명확하지 않게 만드는 것이다. 피고인의 유죄나 무죄가 확실하면 배심원들의 집중도가 떨어지기 때문이다. 배심원이 유죄 또는 무죄로 주장해도 합리적인 이유를 제시할 수 있도록 대본을 작성하는 것이 중요하다.

기준은 '내용이 흥미로운가'와 '피고인의 유무죄 판단이 애매할 것'이다. 이를 위해 피고인의 유죄의 증거가 부족하거나 피고인이 정당방위를 주장하는 내용으로 개요를 구성하도록 하였다.

선정된 개요를 발표한 모둠을 중심으로 2개의 팀(A팀, B팀)으로 나눈다. 한 팀은 4개 모둠씩 구성되는데, 12~16명이 있다. 팀 구성 후에는 팀장을 선정하고 팀장의 주도하에 대본 작성팀과 증거 제작팀으로 나누어 준비한다. 대본 팀은 개요에 따라 사건의 대본을 작성하고 증거 팀은 재판에 필요한 증거를 제작한다. 예를 들어 피고인의 학교폭력을 입증하기 위한 CCTV 영상, 피해자의 병원 진단서나 성적표 등을 증거자료로 만들었다.

대본이 완성된 후 역할을 배분하였다. 역할은 판사 3명, 검사

2명, 변호인 2명, 피고인 1명, 증인 2~4명, 법정 경위 1명, 뉴스 앵커와 기자 1~2명이 있다. 시연하는 팀의 학생들이 모두 역할을 맡을 수 있도록 대본을 작성해야 한다. 그리고 검사와 변호인을 맡은 학생은 모두 진술과 최종 변론에 대한 내용을 배심원이 이해할 수 있도록 PPT로 제작한다.

> 모의재판 관련 양식은 '연구하는 사회교사 블로그' blog.naver.com/evoire '모의재판' 메뉴에서 다운받을 수 있습니다.

STEP 3_시연단계

> A팀이 모의재판 시연을 하면 B팀은 배심원이 되어 피고인의 유무죄를 판단합니다. 배심원에게는 중간에 질문할 수 있는 기회를 줍니다. 그리고 A팀과 B팀이 역할을 바꾸어 한번 더 진행합니다.

모의재판 시연은 국민참여재판 형식으로 진행된다. 학생들이 모의재판에서 역할을 맡아 시연해 보고 배심원이 되어 다른 팀의 모의재판을 보면서 평결에 참여시키기 위해서이다. A팀이 먼저 시연하고 B팀은 A팀의 재판을 보고 피고인의 유무죄에 대해 판단한다. 모의재판 시연을 위해서 교실을 법정처럼 배치하였다.

판사와 검사는 법복을 입고 배심원 선서 문과 증인 선서문을 소품으로 준비했다.

형사 모의재판 단계

- 판사의 개정 선언
- 인정신문: 피고인이 맞는지 확인하는 절차
- 모두진술: 검사의 기소 요지, 변호인과 피고인의 주장
- 증거조사: 검사 측과 변호인 측의 증거를 조사함. CCTV 영상, 진단서, 성적표, 카카오톡 메시지 등 + 배심원 질문
- 증인신문: 사건 관련자를 증인으로 불러서 물어봄. 검사/변호인 측 증인은 검사/변호인, 변호인/검사 순서로 진행 + 배심원 질문
- 피고인 신문: 피고인에게 사건에 대해 검사와 변호인이 물어봄
- 최종 변론: 검사와 변호인 및 피고인의 주장을 요약하여 정리함
- 배심원 평의 및 평결: 배심원이 피고인의 유무죄를 결정하고 배심원 대표가 평결 결과 발표
- 판결선고: 판사가 배심원의 의견을 종합하여 피고인에게 유무죄 여부를 선고함.

배심원 학생들에게 증거조사나 증인신문 단계에서 검사나 변호인, 증인에게 질문할 수 있는 기회를 주었다. 대본대로 진행되는 모의재판이 자칫 지루해질 수 있으므로 즉흥적인 요소를 도입

학생들이 구상한 사건: 전교1등 추락하다

피해자	일햄모(전교1등)
가해자 (피고인)	이잼모(전교2등)
사건 경위	1. 일햄모는 전교1등이었고, 이잼모는 전교 2등이다. 2. 이잼모는 일햄모가 전교 1등을 하는 것이 부럽고 질투가 나서 일햄모의 시험을 방해하는 시도를 했다. 3. 일햄모는 방해를 무릅쓰고 시험을 잘 헤쳐나간다. 한번은 8등으로 떨어졌는데, 곧 전교 1등을 단시간에 차지한다. 4. 시험 전 날 이잼모는 일햄모를 옥상으로 불러낸다. 5. 옥상에서 내려오는 것은 이잼모 뿐이고, 일햄모는 몇 분 뒤 병원으로 이송되었고 현재 의식이 없다.
사건의 쟁점	• 검사측(피고인=유죄) : 이잼모는 전교 1등을 하고자 하는 욕심에서 고의적으로 이잼모를 옥상에서 밀었다. 그러므로 이잼모는 유죄이다. • 변호인측(피고인=무죄) : 일햄모는 집중력을 높이는 약(에드필)을 먹고 옥상에 올라가서 혼자 추락한 것이다. 그러므로 이잼모는 이번 추락 사건과 관련이 없기 때문에 무죄이다.

하였다. 배심원들은 질문을 통해 피고인의 유무죄 여부에 대한 견해를 확실히 정할 수 있다. 이때 장난으로 질문을 하는 학생도 있으므로 교사의 적절한 개입이 필요하다. 질문을 하지 않으면 교사가 먼저 질문을 하여 배심원들이 사건에 대해 명확히 파악할 수 있도록 돕는다. 일부 배심원은 사건과 관련된 날카로운 질문을 던져 시연에 참여하는 학생들을 당황하게 만들기도 한다. 재판 준비단계에서 미리 배심원의 질문에 대비하여 모든 시연 참여자가 사건의 내용을 확실히 이해하도록 하는 것이 필요하다.

배심원들은 기록지를 작성하면서 최종 변론이 끝나고 피고인의 유무죄를 결정하고 그 이유를 서술한다. 이때 배심원은 피고인의 유무죄만 정할 뿐, 유죄일 경우 형량에 대해서는 생각하지 않는다. 이는 모의재판 상황을 단순화시켜 학생들이 유무죄 결정에만 집중하도록 하기 위함이다. 배심원 대표가 의견을 모아

학생들이 만든 PPT 자료 : '전교 1등 추락하다' 사건 개요

검사 측 증거자료 : CCTV 영상 장면　　　변호인 측 증거자료 : 사건 직후 학교 옥상의 모습

검사 측 모두진술 자료　　　　　　　　변호인 측 모두진술 자료

모의재판 장면

　　　　　　　　생각 쑥! 역량 쑥! 교과연계 주제선택 수업 2

서 배심원 평결을 발표한다. 모의재판 시연에 참여한 학생들은 자기 평가지와 소감문을 작성한다. 그리고 두 팀의 역할을 바꾸어 한 번 더 진행한다.

STEP 4_평가단계

모의재판 시연 시 작성한 자기평가 및 소감문을, 그리고 배심원이었을 때 작성한 배심원 기록지를 과정평가에 반영합니다. 그 외에도 논술형 평가, 뉴스 제작 등 다양한 유형의 평가를 진행할 수 있습니다.

모의재판은 과정평가로 진행된다. 과정평가를 위한 평가 항목을 구성하고 준비한다.

평가 루브릭 및 채점 기준

평가 영역	평가 요소	평가 척도 및 채점 기준	
스토리 구성 대본의 완성도 모의재판 시연 논리적 추론 자기평가	① 학교폭력 사건을 재구성하여 피고인의 유무죄가 명확하지 않도록 사건을 구상하였다. ② 학교폭력 사건을 형사재판 절차에 맞게 대본을 구성하였고 대본의 흐름이 자연스럽다. ③ 모의재판에서 자신이 맡은 역할을 숙지하고 준비하였다. ④ 배심원으로서 피고인의 유무죄 여부를 결정하고 2개 이상의 설득력 있는 근거를 제시하여 서술하였다. ⑤ 본인의 모습을 되돌아보고 자기평가에 참여하였으며 소감문을 성실히 작성하였다.	상	①~⑤의 평가 요소를 모두 충족한 경우
		중	①~⑤의 평가 요소 중 3~4개를 충족한 경우
		하	①~⑤의 평가 요소 중 2개 이하로 충족한 경우

2020년에는 코로나19로 모의재판 수업을 진행하지 못하였는데, 대신 선배들이 만들었던 사건에 대해 보여 주고 설명해 준후 배심원 입장에서 피고인의 유무죄 여부에 대해 평결을 내리는 논술형 평가를 진행하였다. 논술형 평가는 자신의 입장을 정하고 그에 따른 합리적인 근거를 들어 제시하는 글쓰기이기 때문에 모의재판 후에 과정평가로 실시할 수 있다. 논술형 평가 대신 자신이 시연한 모의재판 사건에 관한 기사 작성하기, 뉴스 제작하기 등의 활동을 진행하여 평가에 활용할 수 있다.

모의재판 이후의 변화

필자는 법에 대해 관심이 많아 방송통신대학교에 편입하여 법학을 전공하였다. 그리고 모의재판과 관련된 연구 논문을 읽고 분석하여 2015년부터 사회 수업에서 법 단원과 연계하여 모의재판 수업을 진행하였다. 그동안 모의재판을 진행하면서 해마다 학생의 대본 내용이 정교해지고 증거자료 제작 수준이 높아졌다는 것에 보람을 느꼈다. 대부분의 학생은 재미있게 모의재판에 참여하였다. 평소 수업 시간에 잘 집중하지 않는 학생들도 모의재판을 할 때는 자신의 역할에 최선을 다하였다. 일부 학생은 방과 후 또는 주말에도 교사에게 전화를 걸어 대본 작성과 관련된 내용을 물어 보는 열정을 발휘하기도 했다. 하지만 재미와 흥미 유발 외에 모의재판 이후 학생들의 법에 대한 태도가 어떻게 변화하였는지 궁금하였다. 대학원에 다니면서 배웠던 실행연구 방법을 토대로 모의재판이 학생들의 법의식에 미치는 영향을 주제로 연구하였다. 연구의 주요 내용을 소개하면 다음과 같다.

나쁜 검사에서 정의로운 검사로

> 재판을 해 보니 피고인이 잘못했는데 무죄가 나오면 안 되니까 검사의 역할이 제대로 증거를 조사하는 거구나…. 검사가 좋은 이미지도 있겠구나….

모의재판을 하기 전 학생들은 대체로 변호사에 대해서는 긍정적인 이미지를 갖고 있었지만, 검사는 부정적으로 인식했다. 영화나 드라마 속의 형사재판 장면에서 변호인과 검사의 이미지를 선과 악의 구도로 묘사한 경우가 있는데, 학생들은 이에 영향을 받은 것으로 보인다. 검사는 억울한 사람에게 벌을 주고 변호사는 억울한 사람을 구해 주는 이미지를 갖고 있었다. 하지만 모의재판을 통해 범죄를 저지른 피고인에게 합당한 처벌을 내리기 위해 노력하는 검사의 역할이 중요하다는 것을 알게 되었다. 그리고 검사는 피해자를 위해서 범죄를 저지른 피고인에게 그에 합당한 처벌을 요구하는, 즉 정의를 지키는 사람이라고 대답하였다.

모의재판 효과 연구

연구목표 : 모의재판이 법의식에 미치는 효과

법 친밀감
법을 얼마나 가깝고
익숙한 존재로 느끼는가?

법 신뢰감
법과 법을 통한 판결이 얼마나 공정하고
자신의 삶에 도움이 된다고 느끼는가?

질적연구방법 : 면접법
2019년 2학기 자유학년제 주제선택 모의재판에 참여한 학생 9명 면담

판사의 판결을 존중해요

> 판사는 재판 하나하나에 공을 많이 들이고 생각도 깊게 해야 한다고
> 생각해요.

판사에 대해서는 재판에서 별로 중요한 역할을 하지 않는다는 소극적인 이미지를 갖고 있거나 흉악한 범죄를 저지른 피고인에게 범죄에 비해 낮은 형량을 판결한다는 부정적인 이미지를 갖고 있었다. 하지만 모의재판을 하면서 판사가 검사와 변호인의 의견을 듣고 증거를 꼼꼼히 살펴보고 신중하게 판결을 내린다는 것을 알게 되었다고 밝혔다.

협력을 통한 역할에 대한 몰입

> 모의재판에서 변호인을 맡았는데, 피고인이 무죄가 되기를 바라는
> 마음으로 재판에 임했어요. (…) 제가 보기에는 피고인이 무죄인 것
> 같은데 실제로 유죄를 받으면 얼마나 억울할까, 라는 생각이 들어서
> 열심히 변론했어요.

학생들은 모의재판을 준비하고 체험하면서 형사재판의 절차에 대해 잘 이해할 수 있었다고 말했다. 교사의 설명으로는 이해하는 데 한계가 있었다고 한다. 학생들은 모의재판이 대본을 바탕으로 하기는 하지만 다른 팀의 학생들 앞에서 '바로 지금, 여기서' 진행되기 때문에 몰입감과 긴장감을 느꼈다고 대답했다. 그리고 팀별로 소통하면서 재판을 준비하였기에 시연 단계에서 자신의 역할에 더 몰입했다고 밝혔다. 실제로 학생들은 수업 시간 내에 대본을 작성하거나 증거 제작을 완성하기에는 시간이 부족해서 방과 후 시간을 이용하거나 집에 가서 작성하고 단체 채팅방을 만들어 서로 공유하면서 수정하는 작업을 거쳤다. 오랜 시간 모의재판을 준비하였기 때문에 학생들은 다른 팀원을 실망시키지 않기 위해 더 노력하였다는 것을 알 수 있다.

법과 친해지는 모의재판

> 원래 법하면 '몇 조 몇 항…' 이런 식으로 어렵고 딱딱하게 느껴졌는데, 모의재판에서 상황에 대입해서 하다 보니까 쉽게 다가왔어요.

모의재판을 통해 학생들은 자연스럽게 법과 재판에 흥미를 갖게 되고 법이 가깝게 느껴졌다고 밝혔다. 모의재판을 하면서 다양한 사건에 법이 적용된다는 것을 알고 나니 법은 어려운 것이 아니라고 느끼게 된 것이다. 그리고 실제로 벌어지고 있는 재판에도 관심을 갖게 되었다고 한다. 이러한 변화는 모의재판을 통해 학생들이 법에 대해 긍정적인 감정을 갖게 하는 계기가 되었다고 볼 수 있다. 모의재판 수업의 가장 큰 성과는 법에 대한 친밀감과 신뢰감을 높여 학생들이 법에 한 발짝 더 다가갈 수 있도록 도와주었다는 것이다. 법은 멀리 떨어져 있는 것이 아닌 우리와 가까이 있다는 것을 알게 되었다.

모의재판 = 소통하는 법(法)을 익히는 시간

모의재판은 교사와 학생 모두 준비하는 데 많은 시간과 노력이 요구되는 수업 방식이다. 그렇지만 평소에 접하기 어려운 재판을 체험해 볼 수 있는 기회를 제공하기 때문에 학생들은 흥미와 열정을 가지고 수업에 참여한다.

모의재판 수업에서 학생들은 서로 소통한다. 재판을 준비하면서 사건을 구상하고 증거를 어떤 방식으로 만들지 이야기하면서 소통한다. 재판에서는 사건 당사자의 서로 다른 주장을 듣고 궁금한 점에 대해 질문하면서 피고인의 유무죄 여부에 대해 고민한다.

또한 학생들은 모의재판 과정에서 법과 소통한다. 법과 재판에 대해 배우고 활용해 본다. 범죄자를 처벌하기 위해서는 형사재판이 필요하고, 재판이 열리기 위해서는 피고인의 행위가 어떤 법에 적용되는지 살펴보아야 한다. 다양한 증거자료를 제작하면서 증거재판주의의 원리에 대해 이해한다.

학생들은 재판을 준비하고 참여하면서 서로 소통하고, 법과 소통하는 과정을 경험한다. 이런 의미에서 모의재판 수업은 소통하는 법(法)을 익히는 시간이라고 할 수 있다. 소통을 통해 딱딱한 법을 말랑말랑하게 녹일 수 있는 시간, 바로 모의재판 수업이다.

참고문헌

곽한영, 〈교육 연극으로서 모의재판 수업모형의 재구성〉, 《법교육연구》, 2014, 9(1), 1-25.
이어진, 〈모의재판을 경험한 중학생의 법의식에 관한 사례 연구 - 법 친밀감과 법 신뢰감을 중심으로〉, 《법교육연구》, 2020, 15(1). p137-175.

놀고먹는 과학

재미 끝판왕! 항공과 요리 속 과학 이야기

수업 소개 ———————————————————————————

내용 위주의 과학 수업은 학생들이 어려워하고 흥미를 느낄 수 없다. 이 수업은 자
유학기답게 자유로운 주제선택 활동들을 통해 흥미를 유발하는 것을 목표로 한다.
주로 활동 중심 수업의 형태이기 때문에 모둠별 활동 과정에서 의사소통 능력을 키
울 수 있고, 활동 중에 탐구 및 문제 해결을 해야 하기 때문에 과학적 탐구 능력, 과
학적 문제해결력을 키울 수 있다. 그리고 1학년 과학 교과 내용과 연계하여 과학적
사고력 신장까지 꾀할 수 있다.

재미 끝판왕!
항공과 요리 속
과학 이야기

첫 주제선택 수업

2월이면 학교에 어김없이 찾아오는 것이 있다. 바로 새 학기를 준비하기 위한 '교육과정 함께 만들기'이다. 이때 모든 선생님이 가장 관심을 두는 것은 단연 업무 분담일 것이다. 그러나 나는 경력이 길지 않아서 그런지, 업무보다는 수업에 대한 부담이 더 컸다. 그런데 과학 교과에서 수업 시수를 1시수 줄이는 대신 주제선택 수업을 맡게 되었고, 1학년 수업을 선호했던 내가 결국 주제선택 수업을 하게 되었다.

하지만 햇병아리였던 나는 주제선택 수업에 대해 전혀 알지도 못했고, 처음 수업을 진행하게 되어 무엇을 할지도 정하지 못한 상태였다. 심지어 생각할 시간도 많지 않았다. '17차시나 해야 한다는데 무엇을 해야 할까?', '내가 잘할 수 있을까?' 많은 생각들이 앞섰다.

계속해서 고민하던 중에 문득 평소 즐겨 봤던 과학 다큐멘터리가 떠올랐다. '아! 과학영상반을 만들어서 다큐멘터리를 학생들과 함께 보고, 토론하면 쉽게 수업을 진행할 수 있겠구나!'라는 생각으로 결국 '과학영상반'이라는 이름으로 주제선택 수업을 정했다.

인상 깊게 봤던 다큐멘터리들로 17차시를 구성했고, 2시간의 수업 중 1시간은 다큐멘터리를 보면서 감상문을 작성하고, 나머지 1시간은 감상문 작성한 것을 발표하고 거기에 대한 의견을 나누는 시간으로 수업을 구성하였다. 이렇게 하니 학생들이 흥미 있어 할 다큐멘터리를 선정하는 것만 잘한다면 비교적 쉽게 수업 준비가 가능했다.

놀고먹는 과학 : 교사편

새 학기가 시작되고 자유학기 주제선택 '과학영상반' 수업도 시작되었다. 우리 학교는 학생 수가 많지 않아 10명의 학생이 배정되었고, 첫 수업 시간에 오리엔테이션을 진행하면서 "너희는 과학영상반 왜 신청했니?"라고 물었다.

"과학 관련해서 관심이 있어서 신청했어요!", "SF영화 보고 싶어서 신청했어요!", "선착순에서 밀려서 남은 거 신청했어요!" 학생들의 반응은 다양했다.

그래서 과학영상반의 취지를 설명해 주었고, 넷플릭스, 유튜브, EBS 등을 활용하여 몇 가지 다큐멘터리를 소개해 주었다. 다큐멘터리 중에서 학생들이 가장 관심 있어 하는 것은 역시 우주에 관한 내용이었다. 그래서 첫 시간은 우주에 관한 내용이 담긴 다큐멘터리를 보면서 동시에 태블릿 PC를 이용해 감상문을 쓰게 하였다. 감상문에는 영상에 대한 평점을 매기고 그 이유를 쓰게 했고, 줄거리, 영상 속의 과학 내용을 작성하고 영상에 대한 느낀 점을 쓰게 했다. 다큐멘터리 내용이 방대하고 쉽지 않기 때문에 보면서 바로바로 감상문을 작성하게 하는 것이 집중도를 높이는 데 효과적이었다.

첫 영상을 본 뒤, 학생이 작성한 감상문을 보고 '과학영상반'은 성공하겠구나, 라고 느꼈다.

다음 시간이 되어 지난 차시에 봤던 다큐멘터리 내용에 대해 줄거리를 간략히 설명해 주고, 자기 생각과 느낀 점에 대해 발표하는 시간을 가졌다. 그리고 다큐멘터리 속 과학 내용에 대해 질문을 받고 답변해 주었다. 다소 내용이 어려운 부분이 있지만 신기하고 재미있다는 의견이 많았다.

이런 성원에 힘입어 다음 다큐멘터리를 시청했고 역시 같은 방식으로 학생들에게 감상문을 작성하게 했다. 수업 시간이 금요일 5~6교시였는데, 한 주를 다큐멘터리 감상으로 마무리 하니 마음도 차분해지고 너무 좋았다. 심지어 금요일 주제선택 시간

과학 영화 감상문

작품 주제	코스모스
평점	10점
평점 이유	영상하나에 거의 우주의 모든것을 다 담았다.

줄거리 (등장인물, 배경, 사건 등)	등장인물:닐타이슨 아저씨,우주에 있는것들 배경:우주 사건: 아주 옛날에 사람들은 지구를 중심으로 하늘에 별이 박혀있고 지구주위를 다른행성들과 달과 태양이 돌고 있다고 생각했었다.그러나 딱 한사람은 그렇게 생각하지않았다.그사람은 코페르니쿠스라는 사람이었다. 코페르니쿠스는 금지한 옛날 그리스사람이 만든책을 보았다.1500년전에 죽은 사람의 책이 코페르니쿠스에게 읽으라고 속삭이고 있었다. 책에는 "우주에 활을 쏴 본다고 생각해보라고 했다.화살이 계속날아간다면 우주는 끝이 없는것이다.만약 활이 벽에 꽂힌다면 다시 그 벽위에 서서 화살을 다시쏘면된다. 그러고는 다시 물중하나의 결과가 나오겠지. 다시 벽에꽂히면 다시 쏘면 된다.그렇다 우주의 끝은 없는것다." 코페르니쿠스는 그후 꿈겨나서 방황생활을 했다. 그러고는 꿈에 구슬안에 자신이있고 벽에 별이 박혀있는 천이 둘러싸여 있는 것이였다. 그 벽을 지나가려 했을때 코페르니쿠스는 엄청난 두려움에 휩싸였다.하지만 넘어갔다.벽뒤에는 아주큰 코스모스(우주)가 펼쳐있는 거였다. 코페르니쿠스는 지구에서 보이는 별이 전부다 태양이고 저마다 하나의 지구를 거느리고 있다고 생각했다. 코페르니쿠스는 옥스포드에서연설을 했지만 쫓겨났다.코페르니쿠스는 경찰에 잡혀서 8년동안 감옥에서 지내야했다.고문을 당하면서말이다. 왜 그토록 그를 괴롭혔을까.그의 주장이 맞았다면 성서같은것들이 다 거짓이되기 때문이었다.코페르니쿠스는 유죄로 사형에 당했다.그후 사람들이 코페르니쿠스의 주장이 맞았다는걸 알았다.

작품 속의 과학 내용 정리 (용어, 장면설명)	-자연은 우리가 상상하는 것보다 대단하다. -지구에서 가까운 달에는 하늘이 없다. -태양은 모든것의 에너지원이다. -금성은 금심한 온실효과 때문에 지옥처럼 뜨겁다. -천왕성 ,해왕성은 태양에서 가장 멀리 떨어져있는 행성이다. 과학자들은 망원경이 만들어지기 전까지 두 행성이 존재하는지도 몰랐다. -보이저1호는 인류의 생김새와 인류가 만든 음악 등을 담고있다. (태양계를 벗어났음) -적외선으로 본 은하계에서 밝은점은 항성이다. -지구는 우리은하 중심에서 3만광년이나 떨어져있다. 우주달력 -태양이 생일은 우주달력기준으로 8월 31일이다. -35억년전에 생명이 탄생했다. -12월달에 바디속생물이 폭발하여 많은 동식물이생겨났다 -최초의 꽃은 12월28일에 피어났다. -12월 끝에 인류가 탄생했다. -인류가 그리을 그린것은 우주달력이 끝나기 60초전이다.(3만년전) -자정을 넘기기 전에 글자가 탄생했다(3000년전) 공룡 -공룡은 1억년동안 지구를 지배했다. -만약 소행성충돌이 없었다면 지구에는 인류말고 공룡이 지배할수 있었을 것이다. 칼세이건 -초기지구에 온실가스가 있었다는것을 알아냄 -과학은 칼세이건에게 많은 영향을 받았다.

나의 생각 및 느낀 점	우주는 정말 내가생각하는 것보다 크다는걸 알았다. 우주의 끝은 있는 것일까? 우주에 비하면 정말 지구는 작은 존재라는 것을 느꼈다. 다음편 내용도 궁금하고 앞으로 기대가 된다.

이 기다려지기까지 할 정도였다. 과학 교사에겐 정말 힐링이 되는 수업이라는 생각이 들었고, 수업이 끝나고 나면 만족스러운 기분이 들었다. 수업이 끝나면 주말이 시작되니까 더 그렇게 느껴졌는지 모르겠지만, 학생들 역시 만족도가 높아서 이런 형태로 매주 주제선택 수업을 계속 진행하였다.

그런데 4주 차가 되었을 무렵, 문제가 발생했다. 다큐멘터리의 분위기가 차분하고 서정적이다 보니 매주 반복되는 감상에 조는 학생들이 나타나기 시작했다. 그리고 감상문을 작성하는 것도 점점 내용이 부실해졌다. 그래서 계속 독려해 보았지만, 내용이 어렵고 지루하다는 반응이 나왔다. '역시 학생들에게 재미있었던 것도 계속해서 반복된다면 지루해하는구나'라는 것을 느꼈다.

학생들에게 어떻게 했으면 좋겠냐고 의견을 물어보니 역시 SF영화를 보자는 의견이 가장 많았다. 사실 과학 수업 시간에도 SF영화를 이용하여 수업을 진행했던 경험이 있었던지라 크게 당황하진 않았다. 그래서 그간 눈여겨봐 뒀던 여러 SF영화를 학생들에게 소개했고, 그중에 투표해서 보고 싶은 SF영화를 선정하였다. 의외로 많은 학생이 당연히 많이 봤을 거라고 생각했던 〈인터스텔라〉를 뽑아서 더욱 안도했다. 〈인터스텔라〉에 과학 내용을 다루는 영상들은 워낙 많아서 학생들과 영화를 보고 함께 과학 내용에 관해 이야기하기가 수월했기 때문이었다.

　다행히 SF영화를 보여 주자 학생들은 다시 흥미를 느꼈고 2주에 걸쳐서 영화를 보면서 감상문을 작성하게 하였다. 그리고 영화에 대한 과학 내용을 설명해 주는 영상을 함께 보며 과학 내용에 관한 토론을 이어갔다.

　이런 형태로 수업을 계속해서 진행하다 보니 어느덧 마지막 주가 되었다. 마지막 시간에 한 학생이 자신의 의견을 조심스레 내비쳤다.

　"과학 실험 같은 것도 하면 재밌을 거 같은데 어떨까요?"

　이런 의견을 들으며 '역시 학생들은 실험하는 것을 좋아하는 구나'라고 생각이 들었고, '내년에는 미리 준비해서 활동 위주의 주제선택 수업을 해 봐야겠다'라고 다짐했다.

과학 영화 감상문

작품 주제	인터스텔라
평점	10점
평점 이유	아직 중학생인 우리에게는 이해하기는 힘들지만 좋은 내용과 차원이라는 개념을 알려주었다
줄거리 (등장인물, 배경, 사건 등)	배경:우주와 지구 줄거리:지구에 식량이 부족해지고 미세먼지가 많아져 지구에 있는 사람들이 농사만 하면서 살게된다 주인공에게는 딸과 아들이 있다 딸은 책장에 꽂힌 책들이 갑자기 떨어지자 유령이 있다고 믿게된다 어느날 주인공은 딸이랑 아들이랑 함께 경기를 보러갔다 그날 황사가 심하게 몰아쳐서 차를타고 아들과 딸이랑 집에 도착하였다 주인공은 창문을 닫았냐고 묻자 딸은 급하게 책장이있던 본인 방에 가서 황사가 딸의방을 덮고있었다 주인공은 창문을 곧바로 닫았고 그때 황사로 모스부호가 나타나 딸은 그걸 해석해 보았고 딸은 그게 좌표라는걸 알게된다 주인공은 그 사실을 알아내기 위해서 자신의 차를타고 그쪽으로 이동하였고 딸은 몰래 차에타고 있었다 이제 좌표쪽으로 이동하자 우주정거장에 도착하였다 주인공은 그곳이 지구말고 다른행성으로 가기위해서 만들어진 것이라는것을 알게 되었다 유령은 주인공을 선택하였고 주인공은 딸에게 시계를 전해준다음 멤버들과 우주로 떠났다 가는중에 문제가 있었지만 블랙홀을 타고 다른곳으로 이동하게 된다 그곳에 도착하고 2명의 멤버를 잃었데만 냉동 동면을 하고있던 박사를 꺼내었다 그 박사는 거짓말을 하고있었고 주인공과 멤버들은 지구에 다시는 갈수없다는 사실을 알게 되었다 주인공과 멤버들은 절망에 빠지고 주인공은 최대한 어떻게 돌아갈지 고민에 빠졌고 결국 지구로 돌아가겠다는 생각을 하게된다 지구에 가려고 하다가 주인공은 차원속으로 빨려들어갔다 주인공은 책장이 많이있는것을 보게된다 그 책들을 두들기자 예전에 자신의딸이 보였다 주인공은 그 유령이 자신이라는 것을 알게된다 시계로 딸에게 모스부호를 전해주자 시공간은 다시 원래대로 돌아왔고 주인공은 자신이 정신을 차린뒤 지구와 비슷한곳에 도착하고 딸과 이야기를 나누며 영화는 끝이 난다
작품 속의 과학 내용 정리 (용어, 장면설명)	특수 상대성 이론:아인슈타인이 세운 가설 중력이 강할수록 시간이 느려진다 블랙홀:빛을 포함한 그 무엇도 빠져나올 수 없는 시공간 영역 웜홀:웜홀은 우주 공간에서 블랙홀과 화이트홀을 연결하는 통로를 의미하는 가상의 개념이다 모스부호:모스 부호는 짧은 발신 전류와 긴 발신 전류를 적절히 조합하여 알파벳과 숫자를 표기한 것으로 기본적인 형태는 국제적으로 비슷하다. 미국의 발명가 새뮤얼 핀리 브리즈 모스가 고안 등등
나의 생각 및 느낀 점	영화관에서 봤다면 더 소름끼치고 재밌을 거 같았다. 특히 전설에 "그"장면 "stay!!!!"이게 너무 재밌었다. 나중에 인류가 다른 행성을 찾아다니게 될수도 있겠다는 생각이드는 영화였다. 환경을 아끼고 살려야 이런일이 일어나지 않으니 인간이 노력해야 겠다

주제선택 수업에 대한 준비

이런 다짐을 실천하기 위해 먼저 주제선택 수업을 미리 만들어 보기로 했다. 가장 먼저 했던 것은 역시 인터넷 검색이었다. 간편하기도 하고 자료를 구하기도 비교적 쉽기 때문에, 요즘에는 수업을 준비할 때 가장 많이 활용하는 것이 인터넷 검색이 되었다. 과학에서는 유명한 사이트인 '김정식 허명성의 과학사랑'이 있다. 그 사이트에는 각종 유용한 학급, 수업 운영 프로그램부터 과학수업에 유용한 프로그램들까지 잘 정리가 되어있어 항상 큰 도움을 받고 있다. 그리고 '학생을 위한 과학사랑'에는 따로 설치할 필요 없이 링크를 통해서 바로 접속하여 가상실험을 할 수 있는 것이 있어서 원격 수업이나 ICT 활용 수업에서 아주 유용하다. 하지만 이 좋은 자료들을 보더라도 주제선택 수업을 어떤 식으로 운영할지에 대한 아이디어가 생기지 않았다.

좀 더 다양한 선생님들의 사례가 필요했다. 그래서 찾아낸 것이 바로 과학 교사들의 카페인 '재미있는 과학 수업 만들기'였다. 이 카페에는 1만 명의 과학 선생님들이 함께 수업 아이디어를 공유할 뿐만 아니라 평가 방법까지도 공유하고 있다. 여기에서 다양한 프로젝트와 과학행사 운영 사례들을 보니 흥미로웠고 이걸 잘 이용하면 주제선택 수업으로 만들 수 있겠다는 생각이 들었다.

하지만 혼자서 주제선택 수업을 짜려고 하니 17차시는 상당히 버거웠다. 그래서 다른 과학 선생님들과 같이 주제선택 수업을 계획하면 부담을 줄일 수 있어 좋겠다는 생각이 들었다. 다행히 평소 교사연구회에 몸담고 있어서 마음 맞는 사람들을 쉽게 모을 수 있었다. '스펙트럼'이라는 이름으로 불리는 원주 중등과학교사연구회로 다양한 스펙트럼을 가진 과학 교사라는 의미를 갖고 있는 교사연구회이다. 수업 준비에 어려움이 있거나 질문이 있을 때 연구회를 활용하면 큰 도움을 받을 수 있었다.

주제선택 수업을 만들기 위해 연구회에서 비슷한 경력의 또래 과학 교사들이 마치 어벤저스처럼 모였다. 각자 다른 학교에서 다른 경험을 해 왔던 터라 스타일도 다르고 아이디어도 달랐지만, 학생들이 흥미 있어 할 만한 주제선택 수업을 만들어 보자는 생각은 같았다.

일단 자신들이 했던 주제선택 수업에 대해서 의견을 나누었는데, 주로 일반적인 과학 실험 수업을 하는 경우가 많았다. '과학영상반' 이야기를 들려 주니 다들 수업 준비하는 것이 편하다는 점에 공감하였다. 이때 문득 '수업 준비하기 편안하면 안 좋은 수업일까?', '영상을 보는 수업은 좋지 않은 수업인 걸까?'라는 의문이 들기도 했다. 사실 '과학영상반' 수업에서 다큐멘터리를 보면서 감동을 받아 눈물을 보인 학생도 있었기 때문이다. 그 학생에게 왜 눈물을 보였는지 물어보지는 못했지만 아마 다큐멘터리의 마지막 장면에서 방대한 우주에서 속에서 아주 작은 일부분인 지구에서의 우리 존재에 대한 철학적인 내용에서 감격을 느꼈던 것으로 예상된다.

사실 수업을 통해서 뭔가 깨달음을 주어 눈물을 흘릴 정도로 감격하게 하는 것은 정말 어려운 일인 것 같다. 그 어려운 것을 해 내는 다큐멘터리가 대단하다는 생각이 들었고, 한편으로는 '이걸 활용하는 것이 더 좋은 과학 수업을 위해 필요한 것이 아닐까?'라는 생각이 들었다.

그러나 대부분의 사람은 과학이라고 하면 단연 실험이 빠질 수 없다는 의견이었고, 나 역시 마찬가지 동의했다. 하지만 단순히 교과서 내의 실험으로만 주제선택 수업을 구성하기에는 한계가 있었고, 이를 타파할 뭔가 다른 것이 필요했다. 그래서 우리 팀은 먼저 흥미를 끌 수 있는 실험 활동이 무엇이 있을지 찾아내기 위해 교과서를 분석했다.

그 결과, 용수철을 이용하여 물체의 무게 측정하기, 물의 끓는점 측정하기, 기체의 압력과 부피의 관계 알아보기 등 전통적인 과학 실험 활동도 있었고, 전통적인 실험에서 벗어나 에어로켓 만들기, 열기구 만들기, 초콜릿의 상태변화 관찰하기 등 학생들이 흥미를 끌 만한 실험도 있었다. 우리 팀은 여기에서 힌트를 얻었다. 전통적인 실험에서 벗어난 흥미를 끌 수 있는 실험을 하면서, 거기에서 교과 내용을 녹여낼 수 있으면 좋겠다고 의견이 모였다. 그래서 그런 활동들이 어떤 것들이 있는지 검색하고 조사하기 시작했다.

조사해서 분류해 보니 크게 두 가지로 분류할 수 있었다. 한 가지는 과학탐구대회에서 항공우주 종목으로 주로 하는 에어로켓과 관련된 활동들이었다. 종이비행기, 고무동력기, 글라이더 등 우리가 어렸을 적에 만들어 보고 가지고 놀아 봤을 법한 소재들이었다. 이를 우리는 '항공과학' 파트로 부르기로 했다. 그리고 다른 한 가지는 바로 초콜릿의 상태변화와 관련된 활동들이었다. 달고나 만들기, 음료수 밀도탑, 모차렐라 치즈 만들기, 분자요리 등 바로 요리를 활용한 소재들이었다. 이를 우리는 '요리과학' 파트로 부르기로 했다.

이런 식으로 2가지 파트로 나누어 각 8차시씩 총 16차시를 만들어 보기로 했다. 이렇게 하면 학생들이 2가지 콘셉트가 있기 때문에 더 흥미롭게 할 수 있을 거라고 생각했다. 이 두 가지 주제를 놓고 생각해 보니 '항공과학'은 노는 것이고, '요리과학'은 먹는 것이니 하나로 합쳐 '놀고먹는 과학'이라고 하면 제목부터 흥미를 끌 수 있겠다는 생각이 들었다. 이렇게 '놀고먹는 과학'이 탄생했다. 이때까지만 해도 우리는 너무 재미있을 것 같고 학생들도 좋아할 것 같아서 완벽하다고 생각했다.

본격적으로 제작에 착수했다. 처음에는 차시의 소재를 정하고, 차시 순서를 정했다. 그리고 각자 2차시씩 맡아서 제작해서 나중에 하나로 합치기로 했다. 그리고 제작할 때 수업에 바로 활용할 수 있도록 지도안, 교사 참고자료, PPT, 학생 활동지 등을 양식을 통일해서 만들기로 했다. 다행히 이미 많은 선배 과학 교사들이 다양한 자료를 이미 만들어 놓았다. '항공과학' 파트는 주로 과학탐구대회와 과학의 날 행사와 관련된 자료들을 참고하였다.

'요리과학' 파트는 주로 관련 서적과 인터넷 자료들을 참고하였다. 요리와 과학을 연결시키려는 시도는 예전부터 많았고 요즘 먹방, 쿡방이 유행이라서 이와 관련된 자료들도 많았다. 그래서 그중에서 과학 교과 단원과 연결시키기에 적합한 요리들을 선택했다.

이런 식으로 우리는 다양한 자료들을 조사하고 참고하여 이를 우리의 콘셉트에 맞게 재구성했다. 그리고 각자 만든 차시를 과학 수업 시간에 적용해 보고 수정 보완하였다. 반 전체 학생이 활동하기에는 진행에 다소 어려움이 발생했지만, 주제선택 수업은 비교적 소규모로 진행되기 때문에 가능할 거라 생각했다.

이렇게 각자 완성시킨 자료들을 취합하여 하나의 주제선택 수업으로 만들었다. 그리고 마지막 차시는 과학전람회로 진행하여 학생들이 했던 활동 중에 자신이 원하는 차시에 대해 직접 발표하는 시간을 갖고 마무리하는 것으로 하였다. 완성된 주제선택 수업의 계획은 다음과 같다.

놀고먹는 과학

차시	항공 과학	차시	요리 과학
1	종이비행기에서 찾는 과학	9	달고나 만들기
2	모스 글라이더에서 찾는 과학	10	음료수 밀도탑 만들기
3	고무동력기에서 찾는 과학	11	콩나물 재배하기
4	에어로켓에서 찾는 과학	12	분자 요리 만들기
5	헬륨 비행선에서 찾는 과학	13	치킨을 통한 닭 뼈 맞추기
6	물 로켓에서 찾는 과학	14	모차렐라 치즈 만들기
7	드론에서 찾는 과학 (학습)	15	리코타 치즈 만들기
8	드론에서 찾는 과학 (체험)	16	식용곤충과 미래식량
17	과학전람회		

주제선택 수업이기 때문에 차시별 순서는 상황에 맞게 바꿔서 진행해도 무방하다. 학생들이 더 다양한 것을 한다고 느끼도록 하려면 '항공과학'과 '요리과학'을 번갈아 가며 1차시씩 진행하는 것도 좋을 것 같다.

놀고먹는 과학 : 학생편

시간이 흘러 다시 새 학기 준비를 위한 2월이 되었다. 어김없이 소리 없는 전쟁 같은 분위기가 반복되었지만, 이번 해는 준비가 되었다고 생각해서 그런지 마음이 편했다. 어찌저찌 업무 분담이 다 되었고, 과학 선생님들끼리 수업 시수를 정하게 되었다.

나는 자신 있게 1학년 자유학기 수업을 맡겠다고 선언했다. 다른 과학 선생님들께서도 별말씀 없이 수락하셨고 수업 시수 결과에 다들 만족하셨다. 이때까지만 해도 나 역시 학생들과 즐겁게 수업할 생각에 만족하고 있었다.

3월이 되었고 새 학기가 시작되었다. 주제선택 수업도 시작되었고, 학생들과 종이비행기 만들기부터 시작하였다. 수업 처음에는 종이비행기 국가대표를 소개해 주고, 비행기의 원리에 대한 개념을 간단히 학습시켰다. 종이비행기 오래 날리기 세계 기록은 28초 정도이다. 학생들에게 '종이비행기 오래 날리기 세계 기록이 어느 정도일까?' 물어보았다.

"10분이요!", "30분이요!", "1시간이요!"

생각보다 학생들은 종이비행기가 오래 날 수 있다고 생각했다.

"얘들아, 이거 종이비행기라니까?"

"그럼 5분쯤은 날지 않을까요?"

실제 세계 기록이 28초라고 알려 주면 다들 '별거 아니네'라고 하면서 자신도 할 수 있을 거라고 생각하고, 세계 기록을 깨기 위해 의지를 불태운다. 그리고 종이비행기 세계대회 영상을 함께 보았다. 종이비행기는 접기가 쉬워서 금방 접지만, 잘 나는 종이비행기를 접는 것은 심혈을 기울여야 한다. 학생들의 의지가 높다 보니 계속 반복해서 날리고 다시 접고 하는 상황이 발생했다. 그렇게 다 완성한 뒤, 마무리로 종이비행기 날리기 대회를 하고 정리한 뒤 수업은 마무리된다.

첫 차시 후 학생들의 반응은 아주 좋았다. 역시 무엇인가를 날리는 활동은 인간의 도전 의식을 자극하는 것 같았다. 다만 학습 내용을 제대로 파악했는지를 알아 보기에는 어려움이 있었다. 마무리할 때 학습 정리 활동이 필요하다고 생각되었다. 하지만 2시간으로는 시간적인 한계가 있었다. 그리고 수업을 끝내고 나니 피곤이 몰려왔다. 앞으로 17주 동안 '이 주제선택 수업을 잘 해 나갈 수 있을까'라는 걱정이 들었다.

다음 주가 되어 달고나 만들기를 통한 상태변화에 대해 알아 보기로 했다. 먼저 고체, 액체의 특징에 대해 알아 보고 상태변화 중 융해, 응고의 특징과 입자 모형에 대해 학습했다. 그런데 달고나 만들기를 한다는 사실을 알고 학생들은 상당히 흥분상태가 되어서 학습이 제대로 진행되지 않았다. 다들 빨리 달고나 만들기를 하자고 아우성치었다. "학습과제 다하기 전까지는 달고나 만들기 안 한다!"

학생들을 협박할 수밖에 없었다. 학생들은 불만이었지만 달고나 만들기를 빨리하고 싶어서 서둘러 학습과제를 끝냈다. 본격적으로 달고나 만들기를 시작했다. 시작하기 전에 뜨거우니까 조심하라고 거듭해서 신신당부했다. 학생들도 생소한 경험이었는지 아주 즐거워했다. 달고나를 만든 뒤 시식도 해 보고 달고나 모양으로 뜯기도 해 보았다. 그리고 마지막에는 알루미늄 포일을 이용하여 화산 형태로 제작하여 달고나를 이용한 화산 모형을 만들어 보았다. 달고나가 흘러내리면서 식어서 굳는 모습을 보고, 화성암 생성과정에 대해서도 알아 보게 하였다. 역시 학생들은 이렇게 바로 눈으로 반응이 나타나는 것을 좋아했다. 특히 먹는 것은 말할 것도 없이 좋아했다.

이렇게 즐거운 분위기로 수업을 정리하고 마무리하려고 했지만, 마지막 정리가 잘되지 않았다. 달고나를 만들고 난 뒤, 설탕 녹은 것들이 여기저기 다 굳어서 떨어지지 않았고 세척 하는 것도 불가능해 보였다. 솔직히 다 갖다 버려야 하나 생각까지 들었다. 다행히 미리 해 본 선생님에게 조언을 구했고, 뜨거운 물에 담가 놓으면 된다는 해결책을 주셨다. 역시 경험이 정말 중요하

다고 생각했다.

이번 수업도 마찬가지로 끝내고 나니 피로감이 매우 높았다. 이때쯤 되니 주제선택 수업을 한 것이 약간 후회가 들기 시작했다. 수업 준비부터 진행, 마무리 정리까지 상당히 힘들었다. 그래도 시작했으니 끝까지 해 보자고 마음을 다잡았다.

어김없이 다음 주가 왔다. 이번에는 모스 글라이더를 만들어 보기로 했다. 그런데 문제가 생겼다. 지난주에 주문해 놓은 모스 글라이더 원단이 아직 배송되지 않았다. 당장 수업을 해야 하는데 비상이었다. 그래서 옆 학교 동료 과학 선생님에게 급히 연락했다.

"혹시 모스 글라이더 원단 남은 거 있어?"

다행히 원단을 구할 수 있었다. 부랴부랴 옆 학교로 가서 모스 글라이더 원단을 빌려 와서 수업을 진행할 수 있었다. 먼저 모스 글라이더 관련 영상을 보고 흥미를 유발했다. 종이비행기는 28초 정도밖에 못 날지만 모스 글라이더는 오랜 시간 동안 계속 날 수 있다는 점을 신기해했다.

모스 글라이더의 비행 원리에 대해서 학습하고 본격적으로 제작을 시작했다. 하지만 종이비행기에 비해 모스 글라이더의 제작 난도가 높아서 학생들이 만들기 어려워했다. 그리고 제작을 하더라도 잘 날게 만드는 것이 어려웠다. 심지어 선생님이 만들어도 잘 안 날아가는 경우가 많았다. 그래도 학생들은 계속해서 완성시키고 싶어 했다. 하지만 모스 글라이더 원단이 많지 않았고 심지어 가격도 비싸다. 결국 제대로 날아가는 모스 글라이더가 별로 없었다. 원래 수업 마지막에 모스 글라이더 오래 날리기 대회를 하려고 했는데 대회를 할 수가 없었다. 그래도 포기하지 않고 계속 날아가게 하려고 노력하는 모습이 아름다웠다.

기존 과학 수업에서는 보기 힘든 상황이었다. 보통 학생들은 과학 수업 시간에 학습 내용을 어려워하면서 포기하는 경우가 많고, 그게 계속 반복되어 학습을 시작조차 하지 않으려는 경우도 있기 때문이다. 반면 이 수업 같은 경우는 학생들이 실패에도 굴하지 않고 계속 시행착오를 겪으며 문제점을 개선해 나가려는 모습을 보였고 끈기와 도전정신을 키울 수 있었다. 그래서 이번 주제선택 수업은 하기를 잘했다는 생각이 들었다.

다음 주가 되어 음료수 밀도탑 만들기를 하기로 했다. 음료수가 종류별로 다양하게 필요했다. 먼저 품의를 하고 행정실에서 카드를 받아서 마트로 가서 직접 음료수들 고르고, 그 밖에 설탕과 컵을 사 왔다. 이 일련의 과정이 상당히 번거로웠다. 마트에서 음료수를 사면서 '내가 이렇게까지 해야 하는 건가?'라는 생각을 했다.

먼저 밀도에 대한 개념을 설명하고, 밀도탑 만드는 방법에 대한 영상을 보고 시작했다. 그리고 주어진 음료수 중 3가지를 선택하여 부피와 질량을 측정해 밀도를 구하게 했다. 실험을 시작하기 전에 미리 음료수를 마시지 말고 실험이 다 끝난 다음 마시도록 신신당부했는데, 몇몇 학생들이 음료수를 맛보기 시작했다. 그러다가 너도나도 마셔보겠다고 소란스러웠다. 결국 나는 참지 못하고 애들에게 소리쳤다.

"야! 지금부터 음료수 마시는 조는 다 뺏는다!"

그러자 분위기가 싸해졌다. 즐겁고 재미있는 분위기로 수업을 진행하고 싶었지만 마음대로 되지 않았다. 어쨌든 그 덕에 학생들은 차분하게 활동을 이어갔다. 음료수로만 밀도탑을 쌓으려고 하니 잘 되지 않아서 설탕을 용해시켜서 밀도를 다르게 하여 제작했다. 그리고 완성한 밀도탑을 사진 촬영하고 제작과정에 대해서 발표하게 했다. 역시 학생들은 먹는 것을 좋아하여 이와 관련된 수업을 하면 항상 흥미를 끌 수 있다. 하지만 이 흥미가 재미로만 끝나는 경우가 많다. 흥미 있는 활동을 학습으로 연결시키는 것이 가장 중요한데, 이를 해결하는 것이 쉽지가 않다. 우리가 함께 고민하며 풀어야 할 숙제 같다.

가장 직관적인 방법은 활동과 잘 연계되는 활동지를 제작하여 활동하는 중간에 계속해서 활동지를 작성해 나가면서 진행하는 것이다. 그리고 학습 내용에 활동 내용을 잘 녹여내는 것이 중요하다. 나도 항상 수업자료를 제작할 때 이 부분을 가장 고민하게 되는 것 같다.

다음 시간이 되었다. 이번에는 '고무동력기 만들기'를 하기로 했다. 마찬가지 형태로 수업은 진행되었다. 생각보다 고무동력기를 만들어 본 학생이 별로 없었다. 그래서 더 재미있게 할 수 있을 거라고 생각했다. 하지만 고무동력기 만드는 과정이 매우 험난했다. 고무동력기를 만드는 방법은 그렇게 어렵진 않았지만, 학생들은 실제로 고무동력기를 제작하는 조작기술이 부족하였다. 그래서 날개를 붙이거나, 대를 연결하는 부분에서 어려움을 호소했다. 그리고 자꾸 떨어지고 해서 만드는 데만 1시간이 넘게 걸렸다. 그리고 빨리 만드는 학생과 늦게 만드는 학생 편차가 커서 먼저 다 만든 학생이 발생했다. 더 기다릴 수 없어서 만든 학생들끼리 먼저 운동장에 날려 보러 나갔다. 각자 날려 보면서 즐거운 웃음소리가 끊이질 않았다. 미리 날려 보다가 망가지는 학생이 발생하기도 했다. 결국 간소화된 고무동력기 날리기 대회를 실시하고 마무리했다. 다 마치고 교실로 돌아가니 아직까지 제작하고 있는 학생들도 있었다.

"선생님 저는 도저히 완성 못하겠어요."

선생님도 없는 교실에서 전전긍긍하며 제작하고 있었을 생각을 하니 안타까웠다. 그래서 학교 마치고 방과 후에 따로 불러 마저 제작하도록 도와 주었다. 역시 활동의 난도가 높아지니 학생마다 편차가 발생하여 수업 운영에 차질이 생기게 된다는 사실을 깨달았다. 그래서 적절한 난이도를 선택해야 하는데, 이 난이도 조절하는 부분도 역시 쉽지 않은 것 같다. 여러 수업을 경험해 보면서 노하우로 습득되어야 하는 문제 같다.

짧은 경험으로 쉬운 난도의 과제를 제공하면 학생들이 시시해하고, 빨리 끝내서 할 것이 없어지는 경우가 많았다. 그래서 조금 난도가 있는 과제를 제공하는 것이 학생들에게 도전 의식을 심어줘서 더 좋았다. 하지만 이럴 때는 과제 수행이 느린 학생들에게 도움을 줄 필요가 있다.

요리과학의 세 번째 시간, 콩나물 재배하기. 콩나물을 재배하기 위해서는 먼저 콩이 필요했다. 다행히 지난번에 마트에서 음료수를 살 때, 미리 콩을 사놓았다. 역시 이런 재료가 필요한 활동들을 할 때는 미리 사전에 재료를 준비해 놓는 것이 중요한데, 항상 품의하는 과정이 번거로운 것 같다. 그래서 '놀고먹는 과학' 각 차시에서 필요한 물품들을 목록으로 정리해 놓으면 바로바로 물품을 품의하기에 좋을 것 같았다.

콩나물 재배하기는 콩나물의 생장과 관련된 변인 통제에 관한 내용을 학습하고, 실제로 탐구과정을 구성해 보는 활동을 먼저 했다. 그리고 실제로 콩나물 재배 환경을 달리하여 생장 과정을 매일 관찰했다. 매일 아침, 점심, 방과 후에 과학실에 들러 물을 주고 사진을 촬영했고, 관찰일지를 작성하였다.

생물을 키운다는 것이 학생들의 감성을 자극했는지 콩나물에 이름도 붙여 주고 애지중지 길렀다. 생각보다 빨리 자라서 다 자란 콩나물은 각자 집에 가져가게 했는데, 수확할 때 학생들이 앞으로 콩나물들을 못 본다며 아쉬워했다. 말도 안 듣고 자기주장도 강한 중딩들이지만, 한편으로는 마음 따뜻한 학생들이었다.

이번에는 에어로켓 만들기 시간이 다가왔다. 에어로켓은 보통 과학탐구대회에서 항공우주 종목에 주로 나오는 주제라서 과학 교사에게는 친숙하다. 그래서 에어로켓을 제작하고 실제 과학탐구대회의 미션을 주어 해결하도록 했다. 미션은 보통 에어로켓을 특정 각도로 발사해서 방향을 틀어 훌라후프를 통과하게 하는 것이었다.

주제선택 수업에서는 난이도를 생각해서 비교적 간단하게 오른쪽 대각선 위쪽에 훌라후프를 통과하는 미션을 주었다. 이를 성공하기 위해서는 날개에 끝에 만든 스포일러, 승강키, 방향키의 역할을 이해하고 조작해 에어로켓의 날아가는 방향을 조정해야 한다. 이미 앞선 수업에서 비행의 원리는 설명했었기 때문에 이번 시간에는 스포일러, 승강키, 방향키를 설명했다. 그리고 에어로켓을 각자 제작하고 거기에 앞날개를 붙여서 비행기처럼 만들었다. 체육관으로 이동해서 각자 만든 것을 가지고 연습비행을 시킨 뒤, 이를 바탕으로 에어로켓의 날개를 수정하게 했다.

마지막 에어로켓 대회에서는 기회를 2번 주고 미션을 통과하게 하려고 했으나, 실제로 해 보니 미션을 성공하는 학생들이 없었다. 그래서 마칠 때까지 계속 도전을 하게 시켰고, 결국 한 조가 성공했다. 성공한 조는 아주 큰 성취감을 느꼈고, 엄청나게 기뻐했다. 반면 성공하지 못한 조는 속상해했고, 좌절을 느꼈다. 하지만 학생들에게 이 미션이 원래 어려운 것이고 실제 대회에서도 대부분 실패한다고 위로해 주었다. 그래도 다들 방향을 틀게 만드는 것은 다 성공했으니 우리의 목표를 이룬 것이라고 응원을 해 주었다. 아마 앞으로 학생들은 실제 비행기가 자유자재로 날아다니는 모습을 보면서 대단함을 몸소 느낄 수 있을 것이다.

이렇게 평소에 우리가 무심결에 지나가면서 보는 모든 것들에는 과학적 원리가 숨어 있다. '아는 만큼 보인다'라는 말이 있다. 우리가 모르고 봤다면 아무 의미 없는 상황들도 그 현상의 원리를 알고 보면 똑같은 것을 보더라도 소소한 재미를 느낄 수 있는 것이다. 우리 학생들도 주제선택 수업을 통해서 그런 재미를 깨달았으면 하는 생각이 들었다.

다음 주가 되어 분자요리 만들기를 시작했다. 먼저 분자요리가 무엇인지에 대한 영상을 보여주었다. 학생들은 실제 요리에 과학적 원리가 이용되는 예들을 보고 흥미를 느꼈고, 실제로 만들어 볼 생각에 흥분했다. 실습은 알긴산 나트륨으로 오호 만들기를 이용한 분자요리를 만들어보는 것으로 했다. 알긴산 나트륨을 잘 녹이는 것이 관건이었는데, 먼저 해 본 선생님에게 들은 조언에 따라 온도를 높이고 페트병에 넣어 흔들어 녹였다. 다 만들고 나서 사진도 찍고 같이 먹어보면서 제일 잘 만든 분자요리를 투표하고 수업을 마무리했다.

그중 1등 작품이 기억에 남았는데, 분자요리를 이용한 플레이팅이 남달랐다. 나중에 알고 보니 요리사가 꿈인 학생이었다. 아마 그 학생에게는 이 수업의 경험이 좋은 기억으로 남아 추후 요리사가 될 때 도움이 될 것 같다. 이렇게 다양한 콘셉트의 수업을 하다 보면 뜻밖의 능력을 가진 학생들을 만날 수 있다. 그냥 단순한 강의식 수업이나, 전통적인 실험 수업을 했더라면 자신의 끼를 발휘할 기회를 놓칠 수도 있는데, 주제선택 수업은 이런 측면에서는 진로를 찾는 데 도움이 될 수 있다.

항공과학 분야의 다섯 번째 시간, 헬륨 비행선 만들기를 했다. 헬륨가스와 풍선, 전지, 아두이노 모터와 프로펠러를 사서 일회용 스포이드에 부착해 비행선을 만드는 것이었다. 여기에서 중력과 부력에 관한 내용을 학습했고, 헬륨 풍선의 부력을 직접 구해 보았다. 학생들은 헬륨가스를 평소에 접해 보지 못해서 그런지 재미있어 했고, 마시려는 학생도 있었다. 헬륨이 안정적인 기체이긴 하지만 마시지 않도록 하게 했고, 정말 마셔 보고 싶은 학생들만 흥미를 위해 조금 마셔 보도록 했다.

헬륨을 마시고 높은 진동수의 목소리로 말하면서 까르르하며 웃는 학생들을 보니 기분이 좋아졌다. 그리고 헬륨 비행선의 부력과 중력을 맞추기 위해서 일회용 스포이드에 물을 넣게 했다. 이때 미리 측정한 풍선의 부력의 크기를 이용해서 물의 양을 계산해 넣게 했다. 그리고 물을 조금씩 버리면서 힘의 평형을 찾게 했고, 프로펠러를 작동시켜 항해하게 했다. 과학실을 두둥실 떠다니는 헬륨 비행선을 보니 동심이 자극되었다. 제작 난도는 그렇게 어렵지 않아 모든 조에서 다 완성할 수 있었다. 마지막에 특정 위치를 통과하게 하는 대회를 하면서 수업을 마무리했다.

이렇게 다양한 활동을 하면서 고생하는 학생들을 위해 다음 주는 치킨을 먹고 남은 뼈를 이용해 닭의 골격을 맞춰보기로 했다. 미리 닭의 골격에 대해 공부하고 치킨을 나눠 주었다. 학생들은 치킨을 보고 역시 흥분했지만, 이때까지 계속해서 먹는 것을 이용해 수업을 해 왔기 때문에 어느 정도 통제가 가능했다. 뼈를 맞출 때 중요한 것은 치킨의 모습을 그대로 깨끗이 먹고 뼈를 똑같은 위치에 두는 것이다. 그런데 갈비뼈가 약해서 많이 훼손되었고, 심지어 닭의 뼈 부분을 먹은 학생도 있었다. 우여곡절 끝에 드라이기로 뼈를 잘 말려서 접착제로 다시 붙여 골격을 만들게 했다. 중간에 틀린 부분들은 있었지만, 그래도 각 조에서 얼추 닭 같은 모습이 만들어졌고, 학생들은 기념으로 사진을 찍으며 재미있어했다. 아마 이 활동을 한 학생들은 앞으로 치킨을 먹을 때마다 뼈를 맞춰 봤던 생각이 날 것이다. 이렇게 일상과 밀접하게 관련이 있는 소재를 활용하여 수업을 진행하면 좀 더 유의미하게 기억에 남을 수 있다.

그렇게 16주가 지나고 대단원의 마지막 주가 밝았다. 마지막 차시는 과학전람회 콘셉트로 학생들이 16주간의 수업 중에서 가

분자요리 만들기　　　　헬륨 비행선　　　　닭 골격계 만들기

장 기억에 남았던 주제에 대해 각자 흥미로웠던 점, 새롭게 배웠던 점, 더 알고 싶었던 점 등에 대해 소감을 발표했고, 그에 관한 피드백을 하면서 주제선택 수업을 마무리했다. 돌이켜 보니 참 많은 활동들을 했었고, 좋은 경험이 된 것 같았다. 마치 군대를 전역하는 것과 같은 후련한 마음이 들었다.

놀고먹는 가운데 이룩한 성장

'과학영상반'과 '놀고먹는 과학' 수업을 하고 나니 여러 가지 생각이 들었다. 먼저 '과학영상반' 같은 경우는 사실 교사의 수업에 대한 부담감이 적다. 그래서 교사의 만족도가 높았고, 수업 시간이 기다려질 정도로 흥미로웠다. 하지만 수업을 하고 난 뒤에 보람은 그렇게 크게 느껴지지 않았다. 하지만 이 수업이 안 좋은 수업이라고 생각하지 않는다. 수업을 진행하는 교사마다 성향이 다르고 스타일이 다양한데, 좋은 수업이라는 것도 하나의 정답이 있을 수 없다고 생각한다.

반면 '놀고먹는 과학'의 경우는 일단 교사의 수업 준비과정이 매우 힘들다. 그래서 이 수업을 다른 과학 선생님에게 추천하기가 쉽지 않았다. 그리고 수업을 마치고 드는 생각은 '항공과학'과 '요리과학'을 나눠서 한 학기에 한 가지씩만 진행을 하는 것이 좀 더 여유 있게 수업을 진행할 수 있을 것 같았다. 그렇게 하면 활동 위주만의 수업으로 끝나지 않고 좀 더 활동을 학습과 연결시킬 수 있을 것이다. 이러한 어려움이 있음에도 '놀고먹는 과학' 수업을 통해 얻을 수 있는 것들이 몇 가지 있다.

첫째, 활동 수업에 대한 교수 효능감을 키울 수 있다. 이전까지는 활동 수업에 대한 부담이 있었다. 하지만 16주간 다양한 활동을 진행해 보면서 부담감이 사라졌고, 어떤 활동이라도 진행할 수 있을 것 같은 자신감이 생겼다. 경험이 얼마나 중요한 것인지 깨달았다.

둘째, 과학의 날 행사 진행에 활용할 수 있다. 과학 교과에서 진행하는 다양한 활동 중에서 가장 중요한 것이 바로 '과학의 날' 행사라고 할 수 있다. '과학의 날'은 학교마다 선생님마다 다양한 형태로 진행할 수 있다. 창의적 체험활동 시간에 1차시로 간소하게 진행할 수도 있고, 체육대회처럼 하루종일 진행하는 경우도 있다. 매번 과학의 날 행사에 뭘 해야 할지 고민인데, 행사 운영에 대한 부담이 있을 경우 보통 교실에서 과학 만화, 과학 시화, 과학 글씨, 과학 포스터 등 몇 가지 종목을 정해서 각자 하는 것으로 진행하는 경우가 있다. 이때 '놀고먹는 과학'의 각 차시들 중 한 가지를 골라서 과학의 날 행사 소재로 충분히 활용이 가능할 것 같다.

셋째, 과학탐구대회에 도움이 된다. 과학탐구대회 종목으로는 항공우주, 융합과학, 과학 토론이 있다. 항공우주 종목은 직접적으로 관련이 있기 때문에 당연히 도움이 된다. 융합과학 종목은 문제 상황을 해결하기 위한 창의적인 산출물을 제작하고 발표하는 종목이다. 이 종목에서는 창의적인 설계와 제작 능력이 중요하다. 여기에서 특히 제작 능력을 개발하는 데 도움이 될 수 있다.

넷째로, 방과 후 과학 수업에서 활용할 수도 있다. 방과 후 과학 수업에서는 보통 과학 수업에서 부족한 부분을 보충하는 경우가 많은데, 이때 과학에 대한 흥미를 높이기 위한 활동으로 활용이 가능하다.

마지막으로 다양한 활동을 하는 만큼 다양한 실패를 경험하며 활동 중심 수업에 노하우가 생겼고, 덕분에 임기응변하는 능력이 키워졌다. 앞으로도 다른 활동에 도전해야 할 상황이 생기더라도 어려워하지 않고 쉽게 도전할 수 있을 것 같다. 그렇다면 학생들은 어떻게 느꼈을지 '놀고먹는 과학' 수업에 대한 소감문을 함께 보자.

'평소에 하는 과학과는 다른 과학 활동을 할 수 있어서 좋았고 탐구하는 방법에 관해서도 많이 알게 된 것 같다. 이전까지는 에어로켓을 만들 때 아무 생각 없이 만들었지만, 이번에는 에어로켓을 만들면서 뒷날개의 역할과 스포일러도 알게 되어서 좋았다.'

학생의 소감 중에서 평소에 하는 과학과는 다른 과학 활동이라는 말이 인상에 남았다. 우리는 '평소에 하는 과학 활동'이란 게 무엇인지 한 번 고민해 봐야 할 것 같다.

마지막으로 성장을 위해서 실패를 두려워하지 말고 학생을 믿고 새로운 도전을 해 보기를 응원하며 글을 마친다.

생각 쑥! 역량 쑥! 교과연계 주제선택 수업 2

음악

이아람

악기야, 놀자!

주특기를 찾아 방황하던 음악 교사의 정착기

수업 소개 ———————————————————

자유학기 프로그램 개설은 교사 입장에서 나의 '브랜드'를 만들어 내는 느낌이다. 나의 한 학기를 대표하고 나의 정체성을 담은. 그저 음악이 아닌 또 다른 제목을 가진 수업을 학생들 앞에 내어 놓는 수업. 특별한 주특기가 없는 음악 교사가 나의 브랜드를 만들어 내기 위해 시행착오를 거치며 고군분투했던 과정을 공유하고자 한다. 물론 이 과정은 지금도 현재진행형이다.

악기야,
놀자!

선생님은 전공이 뭐예요?

음악 교사라면 자주 듣는 질문이 하나 있다.

"선생님은 전공이 뭐예요?"
"나? 음악 교육."
"아뇨. 그거 말고 성악, 바이올린, 작곡. 뭐 이런 거 있잖아요."
"아, 난 그냥 음악 교육.^^"

　　나는 대학에서 음악교육학과를 졸업하고 음악 교육으로 석사 학위를 받았다. 음악교육과에도 나름 세부 전공이 있는데 나의 세부 전공은 피아노이다. 하지만 대학 4년 내내 피아노를 깊게 공부한 일반 음악대학 출신 선생님들과 비교한다면, 실기 분야에 대한 내공은 아무래도 차이가 있을 수밖에 없는지라 나는 당당히 피아노 전공이라고 말을 할 수 없었다. 손가락이 안 보일 정도로 현란한 피아노 연주를 해 보라고 할까 봐. (초임 때는 그나마도 가능했지만 이제는 손이 말을 듣지 않는다.) 그래도 음악 교과의 다양한 영역을 누구보다 고루고루 잘 지도할 수 있다는 자부심을 근근이 부여잡고 수업에 임하던 어느 날, 자유학기제라는 복병을 만났다.

뭣이? 하나의 주제를 가지고 17주를 수업하라고? 심지어 두 시간씩 블록 수업?

동료(성악 전공) 선생님은 합창반을 하시고, 옆 학교(관악기 전공) 선생님은 관악 합주반을 하신다는데, 나(음악 교육 전공)는 뭐하지? 피아노반을 운영하려니 학교에 피아노가 한두 대뿐이라 불가능한데, 주특기가 없는 내가 처음으로 원망스러운 순간이었다.

자유학기 프로그램 개설은 교사가 자신의 '브랜드'를 만들어 내는 느낌이다. 나의 한 학기를 대표하고 교사의 정체성을 담은, 그저 '음악'이 아닌 또 다른 제목을 가진 수업을 학생들 앞에 짜란~ 하고 내어 놓아야 한다. 손님들의 입맛을 사로잡을 필살의 메뉴를 가진 나만의 작은 식당을 창업하는 것과 같다.

표현은 하고 싶은데 노래는 부담스러워요

처음에는 '내가 좋아하는 것'으로 일단 부딪혀보기로 했다.

나로 말할 것 같으면, 못하는 것 빼고는 거의 다 잘한다. 성악 전공은 아닌데 아이들 앞에서 가요를 부를 때면 제법 박수도 받는다. 일단 가장 기본적인 음악 활동이면서 별다른 예산도 필요치 않은 '노래'를 주제로 삼아 보컬반을 개설하고 수업을 운영해 보았다.

노래를 좋아하는 아이들과 함께 즐겁게 수업하고 연말에는 학교 축제 무대에서 공연까지 하면 참 좋겠다는 큰 그림을 그렸다. 그러나 내 기대와는 달리 첫 수업에서 만난 학생들은 노래 부르는 것에 그다지 관심이 없는 경우가 상당히 많았다. 더욱이 내가 처음 자유학기 수업을 시작한 학교는 남중이었다. 또한 본인이 희망한 반이 인원이 초과되어 어쩔 수 없이 보컬반으로 떠밀려 온 아이들을 차치하고라도, 특별히 관심 있는 예술 분야가 없는 학생들이 생각보다 많다는 점을 뒤늦게 깨달았다.

이 아이들이 노래 부르기의 즐거움을 스스로 깨우쳐 자발적으로 활동에 참여하도록 하는 일은 생각만큼 만만치 않았다. 스무 명 남짓한 학생 중에는 노래를 부르고 싶지 않은 아이들이 예닐곱은 족히 되었는데, 17주의 긴 과정이 이어질수록 수업을 겉도는 아이들의 소외감은 더욱 깊어져 갔다. 그러던 어느 날 중학교 1학년 신입생들을 대상으로 3월 첫 음악 수업에서 늘 해 오던 설문지가 불현듯 떠올라 서랍을 뒤졌다. 학기 초에 대충 훑어보고 서랍 깊숙한 곳에 넣어 두었던지라 찾는 데 애를 먹었다.

설문지 내용 중 일부

질문 3   지금껏 음악 시간에 했던 활동 중에 이것만큼은 제발 하지 않았
으면 좋겠다고 생각하는 활동이 있다면 무엇인가요?

답   **노래 부르기**(특히 친구들 앞에서 혼자 노래 부르기)

다시는 하고 싶지 않은 활동이 뭐냐는 질문에 "남들 앞에서 노래 부르는 일"이라는 답변이 적힌 설문지가 쏟아져 나왔다. 남들 앞에서 노래 부르는 것이 부담스럽다고 적힌 여러 장의 설문지를 보며 부끄럽고 참담한 기분이 들었다. 이런 학생들을 앉혀 놓고 대뜸 마이크 잡고 노래하자고? 심지어 축제 무대에 서라고? 그야말로 실패가 예정된 활동을 계획한 것이었다. 교사가 잘하고 좋아하는 활동이 아니라 학생들이 적극적으로 참여할 수 있는 활동을 개설했어야 했다는, 너무도 당연한 후회가 밀려와 고개를 들 수 없었다.

결과가 아닌 과정 바라보기

학기 초 작성된 설문지를 다시 들여다보았다. 학생들이 선호하는 음악 활동은 의외로 감상이나 악기 연주의 비율이 높았다. 그 이유를 짐작해 보건대 청소년기에는 타인의 시선에 무척이나 민감하다. 그러기에 노래 부르기를 좋아하고 혼자서 흥얼거리며

노래를 즐기는 학생들이 상당히 많지만, 친구들 앞에서 음 이탈을 내는 일은 절대로 용납할 수 없다. 그런데 이상한 건 친구들 앞에서 악기를 연주하다가 틀리는 것은 별로 부끄러워하지 않는다. 왜냐하면 악기 연주는 정해진 음높이를 비교적 쉽고 정확하게 낼 수 있기 때문이다. 피아노 건반을 누르기만 하거나 리코더 지공을 막고 숨을 불어 넣기만 하면 자신이 원하는 음정을 정확하게 소리 낼 수 있다. 적어도 악기 연주에서 음치는 없는 것이다.

그래서 이듬해에는 악기 연주를 주제로 수업을 개설해 보기로 했는데, 수업을 준비하면서 악기 연주의 목적지를 어디에 두어야 할지 고민이 많았다. 학습자가 악기 연주에 열정이 있고 자신의 적극적인 의지로 모인 집단이라면 한 종류의 악기를 꾸준히 배워서 수준 있는 연주를 완성하고 무대에 서는 기회까지 주어지는 것이 좋을 것이다.

하지만 약간의 관심만 있는 정도이거나 싫지는 않은 정도의 학생들이 다수라면 연주 방법이 쉽고 단기간에 익힐 수 있는 다양한 악기를 부담 없이 접해 보는 것이 적당하다는 생각이 들었다. 연주 기능 숙달에만 집중하기보다는 '악기'라는 재미난 도구를 총체적으로 이해하고 다양한 악기들을 경험하며 수업 과정 자체가 학생들에게 즐거움으로 다가갈 수 있기를 원했다.

또한 자유학기 수업을 하던 첫해는 모든 예술 프로그램이 전시 및 발표를 해야 한다는 분위기 속에서 수업 그 자체보다 나중에 무대에서 뭔가를 보여 줘야 한다는 의무감에 사로잡힌 채로 수업을 진행했었다. 그러나 불행인지 다행인지 코로나 여파로 공연 위주의 축제가 취소되어 수업 그 자체에 집중할 수 있는 환경이 마련되었다.

피아노 뚜껑 좀 열어놓지 마!

학생들은 자주 음악실 피아노 뚜껑을 열고 그 속을 들여다본다. 가끔은 볼펜 등의 이물질을 빠트려 놓기도 해서 제발 좀 열어 놓지 말라고 해도 기를 쓰고 열어 본다. 열어 보는 이유는 단 하나, "신기하니까".

복잡한데 아름답기까지 한 악기의 구조와 원리는 학생들에게 호기심을 불러일으키기 충분하다. 그래서 본격적으로 악기 연주법을 배우기에 앞서 악기의 원리를 알아 보고 그것을 간단한 형태로 직접 만들어 보기로 했다.

먼저 음악실에 있는 기타, 바이올린, 피아노, 리코더, 트럼펫, 실로폰, 칼림바 등의 악기를 총동원하여 악기를 탐색하며 악기에서 음의 높낮이 및 음색을 조절하는 원리를 스스로 발견하게 했다. 학생들이 발견한 악기의 원리는 다음과 같다.

그리고 이러한 악기의 원리를 적용하여 간단한 재료(종이상자, 빨대, 고무 밴드)를 이용하여 다양한 음높이를 소리 낼 수 있는 나

만의 악기를 설계하고 실제로 만들어 보는 활동을 진행했다.

학생들은 기대 이상으로 열심이었다. 필요한 재료를 더 찾겠다며 분리수거함을 쏟아 내기도 하고 종례조차 안 가고 글루건을 붙잡고 씨름을 하는 녀석도 있었다. 평범하기 그지없는 형태의 악기, 내 눈을 한껏 동그랗게 뜨게 만든 신박한 악기, 자투리 빨대와 고무 밴드로 만든 새총까지 아무튼 결과물은 계속 쏟아져 나왔다. 적어도 엎드려 자거나 멍하니 창밖을 보는 아이는 단한 명도 없었다. 성공이다!

애들아. 이제부터 피아노 뚜껑 실컷 열고 마음껏 들여다 봐도 좋다!

	음높이가 높아지는 조건	예
현악기	줄의 길이가 짧을수록 줄이 팽팽할수록	하프 우쿨렐레
관악기	관의 길이가 짧을수록 지공을 더 많이 열수록	팬플룻 리코더
타악기	진동체의 길이가 짧을수록	실로폰, 칼림바

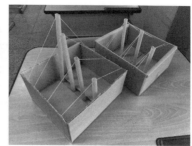

나만의 악기 만들기 활동 과정

악기 연주하기

　세상에는 참 많고 많은 재미난 악기가 있지만 제한된 공간과
비용 그리고 다수의 학습자라는 조건, 무엇보다도 코로나19 방
역지침을 준수하며 이루어져야 한다는 조건까지 고려하자니 선
택할 수 있는 악기가 생각보다 많지 않았다. 그래서 내가 선택한
악기는 칼림바, 붐웨커(다양한 길이의 긴 파이프 형태의 막대를 몸이나
책상 등에 두드려 소리를 내는 타악기의 일종), 우쿨렐레 이렇게 세 종

류와 온라인 수업에서 활용하기 좋은 펜비트(펜을 책상에 두드리며 드럼비트를 흉내 내어 연주하는 활동)이다.

칼림바, 붐웨커, 우쿨렐레 모두 학교 현장에서 교육용 악기로 흔히 사용되는 것들이라 악기 연주 수업에 대한 자세한 설명은 생략한다.

차시	주제	주요 활동 내용	연주곡
1~2차시	나만의 악기 만들기	악기의 원리를 찾아서 악기 만들기	
3~6차시	칼림바 연주하기	자세와 주법 익히기 연습곡 및 연주곡 연습 영상 촬영	언제나 몇 번이라도 할아버지의 낡은 시계 크리스마스에는 축복을
7~10차시	붐웨커 연주하기	자세와 주법 익히기 연습곡 및 연주곡 연습 영상 촬영	작은 별 도레미 송 젓가락 행진곡
11~14 차시	우쿨렐레 연주하기	자세와 주법 익히기 연습곡 및 연주곡 연습 영상 촬영	작은 동물원 제주도 푸른 밤 너의 의미
15~17 차시	펜비트	자세와 주법 익히기 연습곡 및 연주곡 연습 영상 촬영	Butter 회전목마

다시 무대를 꿈꾸다

학생들이 호기심을 가지고 스스로 즐겁게 악기를 대하고 친숙한 곡들을 연주하기 시작하니 학기 말 공연에 집착하지 않겠

생각 쑥! 역량 쑥! 교과연계 주제선택 수업 2

다는 초심을 잊고, 이 기특한 연주를 혼자 보고 듣기는 아깝다는 생각이 들었다. 더불어 학생들에게도 도전 의식과 성취감을 느끼게 해 주고 싶다는 마음이 일었다. 그러다 보니 자꾸만 더 큰 무대를 자연스럽게 꿈꾸게 되었다.

사실 무대 연주에 적합한 악기 종류는 따로 있다. 체육관에서 열악한 음향 장비로 이루어져야 하는 학교 축제에서는 더욱 그렇다. 무대 연주에 적합한 것들은 악기 자체의 음량이 크거나(주로 관악기나 크기가 큰 타악기), 전자악기 종류인데 교실에서 다수의 학생이 함께 배우기엔 부적합한 경우가 대부분이다. 현실적 여건을 고려하여 나의 수업에서 선택된 악기들은 죄다 악기 자체의 음량이 작고 교실 활동에 적합한 것들이었는데 어설픈 연주 실력과 열악한 음향 장비가 만났을 때의 결과는 정말 안타까움 그 자체인 경우가 많다.

그래서 고민 끝에 생각한 방식은 동영상 촬영이다. 물론 유튜브에 공개하거나 동의 없이 다른 사람에게 보여 주지 않겠다고 약속하고 촬영을 시작했다. 영상 촬영의 목적은 지금 너희들의 연주가 참 좋아서 스스로의 연주를 제삼자의 시선에서 감상할 수 있게 해 주고 싶다고, 그리고 괜찮다면 연말 축제에서 상영하거나 내년 후배들의 자유학기 수업에서 선배들의 연주를 들려주고 싶다고 설득했다. 얼굴의 절반을 가린 마스크 덕분에 한결 부담이 덜했는지 아이들 대부분이 약간은 못마땅한 표정이었지

만 못이기는 척 그러겠다고 했다.

　관객은 아무도 없는데도 영상을 촬영하기 시작하면 아이들은 금세 진지한 표정으로 제법 긴장도 한다. 신기한 건 평소 무기력하던 아이들도 영상에 찍힐 때는 연주하는 시늉이라도 한다. 그리고 촬영을 마치고 나면 꼭 나오는 반응.

　"아~~쌤!! 한 번만 더 찍어요! 이번엔 망했어요!"
　"그래? 인제 그만하려고 했는데, 좋아 그럼 한 번만 더!"

　뒤로 돌아서서 카메라를 다시 세팅하는데 자꾸만 빙긋이 웃음이 새어 나왔다. 그래 지금 여기가 너희의 무대로구나. 그때의

행복한 음악 수업의 추억과 영상들은 내 유튜브 채널에 비공개
로 소중히 간직되어 있다.

팬데믹에는 펜비트만한 것이 없었다.

인생은 예측하기 어려운 것이란 것을 작년과 올해만큼 실감
한 때가 또 있을까? 코로나19로 인해 등교 상황이 수시로 바뀌
었고 학생들에게 필요한 교재나 준비물을 배부하지 못한 채 급
작스럽게 원격수업으로 전환되기 일쑤였다. 그럴 때면 악기 수
업 진행은 정말로 난감했다.

이런 상황에서 우리를 구한 것은 펜비트였다. 펜비트는 펜을
책상에 치면서 드럼비트를 흉내 내어 연주하는 활동으로, 펜 한

자루만 있으면 언제 어디서나 쉽게 연주할 수 있고, 생각보다 다양한 음악 요소를 표현할 수 있다. 실시간 화상 수업을 통해 동작을 배우면서 피드백을 손쉽게 주고받을 수 있었고 교사가 유튜브에 올려놓은 수준별 연습 영상을 활용하여 집에서 학생들이 효과적으로 연습을 할 수 있었다. 학년말에는 각자의 연주 영상을 촬영하여 SNS를 통해 제출하는 방식으로 비대면 행사를 진행하기도 했는데 학생들의 호응이 좋았다.

나는 음악을 왜 가르치는가

스스로에게 묻고 또 묻는다. 학교에서 음악을 가르치는 이유는 무엇인가? 교육과정상에 존재하는 교과목이기 때문에 가르친다는 말로는 스스로 충분한 동기 부여가 되지 않았고, 학생들의 공감을 얻기엔 더욱 까마득해 보였다.

초등학생 때 리코더 2중주를 하며 어울리는 화음이 너무 곱다고 느꼈고, 중학생 땐 짝사랑을 노래하는 애절한 선율에 눈물도 흘려 보았다. 심지어 가사가 없는 기악곡을 들으면서도 감정이 동요되어 가슴이 뛰는 경험을 숱하게 해 본 나로서는 '음악을 경험할 때 내 안에서 어떤 마법이 일어나는 것일까'가 언제나 궁금했다.

아직도 음악이 어떻게 사람을 감동시키는 것인지에 대해 뾽

족하게 설명할 길은 없지만, 굳이 복잡한 말로 설명하는 것보다
는 그냥 이건 인간의 본능이자 마법이라고 표현하는 편이 더 와
닿는다. 그리고 음악을 통한 감동은 '함께'일 때 배가 된다. 학생
들이 다양한 음악을 함께 경험하면서 음악적 능력을 기르고 음
악을 즐기는 마음을 키우게 하는 것이야말로 음악 교사의 사명
이자 음악 교육의 목적이라고 생각한다.

많든 적든 누구나 타고난 음악성을 키우는 것은 온전한 인간
이 되는 과정이기 때문이다. 그래서 나는 오늘도 아이들이 음악
을 통해 행복하기를 바라는 마음으로 악기를 준비한다.

"선생님은 왜 음악 선생님이 됐어요?"
"음악이 얼마나 좋은 것인지 많은 사람에게 알게 해 주고 싶었어."

미술
어혜림

공공미술, 학교로 오다

공간으로 소통하는 공공미술 프로젝트

수업 소개 ────────────────────────────

생동감이 넘치는 역동적인 순간, 혼자가 아니라 우리가 함께하기에 더 아름답다는 가르침을 준 순간, 공공미술 수업이 남긴 행복한 기억들이다. 일반적 인 미술에 대한 고정관념을 깨고 확장된 현대미술의 의미를 체험할 수 있게 해주었던 그 시끌벅적하면서도 뜨거운 주제선택 수업 이야기로 초대하고자 한다.

공공미술,
학교로 오다

1. 미술 수업에 대한 철학, 공공미술로 꽃 피우다

"미술은 재능을 타고나야 잘할 수 있나요?"

"미술은 정적인 예술인가요?"

"현대미술은 어렵던데, 소수만을 위한 건가요?"

미술을 전공한 이후로 수도 없이 많이 들었던 질문들이자 미술에 대한 흔한 편견들이다. 사람마다 생각이 다를 수 있지만, 위질문에 대한 내 대답은 항상 '아니요'였고, 왜 아닌지를 직접 경험할 수 있는 미술 수업을 만드는 것이 미술 교사가 되기로 한순간부터 가졌던 나의 수업 목표이자 철학이었다.

자유학기 주제선택 수업을 준비하면서 하나의 영역을 집중적으로 가르칠 수 있는 주제를 고민했고, 바로 '공공미술'이 내가가진 미술 수업에 대한 철학을 실현할 수 있는 적합한 주제였다.

미술은 재능이 없어도 누구나 하고 즐길 수 있다는 것, 미술은 생동감이 넘치고 역동적이라는 것, 현대미술은 재미있고 다수를 위한 예술도 있다는 것 등 이 모든 것들을 공공미술로 배울 수 있는 수업을 디자인해 보았다.

2. 미술 수업, 미술실 밖으로 나오다

공공미술은 대중을 위한 미술로, 좁은 의미로는 공공장소에 놓인 미술, 넓은 의미로는 대중과 소통하는 미술을 말한다. 1960년대 말에 일어난 미술계의 변화와 미국에서 일어난 미술진흥 정책과 관련된 개념으로, 장소에 구애받지 않고 기존의 틀을 깨는 현대미술의 특성을 잘 보여 준다.

주제선택 수업 '공공미술, 학교로 오다'는 이러한 공공미술의 의미를 실현하기 위해 주로 미술실 밖으로 나가서 하는 활동이 많았다. 중학생을 지도하는 교사로서는 교실 밖으로 나가기 때문에 어디로 튈지 모르는 학생 관리에도 신경을 써야 했으며, 복도에서 작업을 할 때는 타 수업에 방해가 되지 않도록 소음 발생을 최소화해야 했다.

그래서 무작정 밖으로 나가면 안 되고, 교실 안에서 치밀한 프로젝트 기획과 규칙에 대한 교육이 필요했다. 공공미술 수업은 절대 쉬운 수업이 아니다. 날씨 영향도 받고, 몸으로 뛰어야

하는 수업이다. 이러한 어려움과 위험에 대한 부담도 컸지만, 공공미술 수업은 '소통의 즐거움'과 '함께의 힘'을 배울 수 있게 해준 감동적인 시간이었다. 지금부터 그 파란만장한 공공미술 과정을 이야기하고자 한다.

생각 쑥! 역량 쑥! 교과연계 주제선택 수업 2

3. 프로젝트 기획과 교육과정 재구성

'공공미술, 학교로 오다'는 크게 3개의 프로젝트로 나뉘며, 3가지 프로젝트는 점차 공공미술의 의미가 확장되도록 구성하였다.

첫 번째 프로젝트 '스토리가 있는 공공미술'은 영어 교과와 융합하여 쉽게 접근할 수 있는 라인테이프 벽화 수업으로 구성하였으며, 두 번째 '일상을 바꾸는 공공미술' 프로젝트는 학교 공간을 돌아다니며 개선이 필요한 곳을 찾아 직접 재구성하는 활동이다. 세 번째 '소통하는 공공미술'은 결과물을 활용한 참여형 전시회와 SNS 이벤트를 개최하는 수업이었다. 프로젝트의 흐름과 그에 맞는 교육과정 재구성 내용은 다음과 같다.

Project 1	**스토리가 있는 공공미술** : 라인테이프로 그림책 벽화 만들기
Project 2	**일상을 바꾸는 공공미술** : 개선이 필요한 학교 공간 재구성하기
Project 3	**소통하는 공공미술** : 참여하는 전시회 및 SNS 이벤트 개최하기

프로젝트 주제	차시	주요 활동 내용	핵심역량
Project 1. 스토리가 있는 공공미술 (총 6차시)	1	공공미술의 이해 모둠 구성 벽 공간 탐색	지식정보처리 역량
	2	그림책 활용 벽화 도안 스케치 (영어-미술 교과 융합)	창의적 사고 역량 심미적 감성 역량
	3~5	라인테이프를 활용한 그림책 벽화 제작	공동체 역량
	6	그림책 벽화 마무리 및 발표	의사소통 역량
Project 2. 일상을 바꾸는 공공미술 (총 8차시)	7	개선이 필요한 학교 공간 탐색	지식정보처리 역량 자기관리 역량
	8	모둠 토론 및 프로젝트 기획서 작성	공동체 역량 창의적 사고 역량
	9~14	프로젝트 실행 (실제 구현 또는 모형 제작)	심미적 감성 역량
Project 3. 통하는 공공미술 (총 3차시)	15	참여한 공공미술 작품 전시회 기획 및 홍보 포스터 제작	의사소통 역량
	16	소통하는 벽화 포토존 이벤트 기획 및 SNS 홍보 게시물 제작	의사소통 역량
	17	전시회 및 이벤트 결과 분석 및 나의 성장 이야기 나눔	자기관리 역량 의사소통 역량

4. Project 1 : 스토리가 있는 공공미술

4-1. 페인트를 사용하지 않는 벽화

공공미술 하면 대표적으로 떠올리는 형태의 작품은 '벽화'이다. 벽화는 우리 주변에서 가장 쉽게 볼 수 있는 공공미술의 사례이고, 공간을 많이 차지하지 않으면서 공공의 장소에 부담 없이 설치하기 좋은 작품이다. 하지만 벽화는 주로 페인트를 사용하기 때문에 페인트 사용이 숙달되지 않는 학생들이라면 많은 시간이 소요되고 시행착오가 있을 수밖에 없다. 더군다나 30명에 가까운 한 학급의 학생들이 동시에 교실 밖으로 나와 페인트를 사용하려면 어려움이 크다. 그래서 사용하기 쉽고 많은 학생이 함께해도 부담이 없는 '라인테이프 벽화'작업을 기획하였다.

라인테이프 벽화 제작에는 많은 재료가 필요하지 않아 작업 시간이 오래 걸리지 않으며 실수하더라도 쉽게 형태를 변형할 수 있다는 장점이 있다. 또한 영구적인 벽화가 아니라는 점에서 일시적인 예술의 형태(예컨대 퍼포먼스나 참여미술의 형태)를 경험할 수 있게 해 주는 기회가 될 수 있다. 영원하지 않고 순간적이기 때문에 오히려 더 소중하고 아름다운 것들이 있다는 것을 학생들과 이야기할 수 있었다.

4-2. 벽면에 펼쳐지는 그림책

교과 융합 수업으로 진행된 이 프로젝트는 영어 수업 시간에 하나의 영문 그림책을 함께 읽고 모둠별로 한 장면씩 선정하여 영어 문장과 함께 간략한 스케치를 했다. 그리고 미술 시간에 그림책을 벽화로 표현할 장소를 찾아 나섰다. 모둠별로 물색한 장소의 사진을 찍어서 화면에 띄워 놓고 장소의 특성과 효과에 관해 이야기하며 이어지는 그림책 벽화를 제작할 한 장소를 선택했다. 그 후, 라인테이프 벽화 제작을 위해 다시 상세하게 스케치했는데, 아래의 3가지 조건을 고려하도록 지도하였다.

1) 모든 스케치는 직선으로 표현하되 선의 굵기를 다양하게 표현할 것
2) 공간의 특성을 고려하여 창의적으로 표현할 것
3) 색 테이프와 시트지를 사용하여 컬러 포인트 줄 부분을 표시할 것

4-3. 라인테이프 벽화 제작 현장 스케치

양팔에 라인테이프를 끼고, 가위를 들고, 학생들이 복도로 나왔다. 모둠별로 구역을 정해 주고 그 공간에 맞게 벽화를 제작하도록 하였고, 바로바로 붙이면서 만들어 나가면 되는 활동이기

그림책 라인테이프 벽화 도안 스케치

때문에 시간은 오래 걸리지 않았고 4차시 안에 가능했다.

그래도 평소에 그리던 도화지보다 몇 배 더 큰 벽면이다 보니 크기에 대한 감이 잘 오지 않아 어려워하는 학생들도 꽤 있었다. 그래서 먼저 흰색 테이프로 위치와 대략적인 형태를 잡게 하였고, 검정을 기본 선으로, 그리고 색 테이프와 접착 시트지를 활용해서 강조할 부분을 표현하도록 하였다.

시중에 라인테이프는 원색밖에 나오지 않기 때문에 하늘색, 분홍색 같은 부드러운 파스텔색은 '제본 테이프'를 활용하여 표현하면 좋다. 단, 제본 테이프는 접착력이 강해 벽면의 페인트가 벗겨질 가능성이 다소 있다.

한창 활동량이 많은 중학생들이라 복도에 나오는 것만으로도 신나 했고, 대화하는 소리와 웃음소리로 복도가 시끌벅적해졌다. 복도 근처에 수업이 있는 교실이 있을 때는 방해가 되지 않으려고 수시로 정숙 지도를 해야 했지만, 아이들 얼굴에 번지던 미소와 즐거워하는 모습은 아직도 잊히지 않는다.

그렇게 4시간 동안의 활동이 끝나고 모둠별로 사진도 찍으며 추억을 남겼다. 한 달 정도 지나면 테이프가 떨어질 것이라 예상했지만, 긴 복도에 연결된 그림책 라인테이프 벽화는 접착 스프레이까지 사용하면서 정성스럽게 붙여서 그런지 세 달 이상 잘 붙어 있었고, 복도를 지나다니면서 학생들은 책을 읽듯이 우리가 함께 만든 벽화를 읽어나가며 뿌듯해했다.

그림책 라인테이프 벽화 활동 장면

그림책 라인테이프 벽화 학생 작품

5. Project 2 : 일상을 바꾸는 공공미술

5-1. 미술로 공간의 의미를 바꾸다

하루의 8시간 이상을 보내는 공간, 학교는 과연 학생들에게 어떤 곳일까. 규격화된 교실의 크기와 책상의 형태, 어디나 비슷한 색감의 벽 등 단조로운 구조가 학교라는 곳을 답답하고 지루하게 만들고 있지는 않을까?

두 번째 '일상을 바꾸는 공공미술' 프로젝트는 학생들 일상의 대부분을 차지하는 학교 공간을 탐색하며 예술의 손길이 필요한 곳을 찾아 직접 개선하거나, 개선이 어렵다면 축소 모형을 제작하는 활동으로 진행되었다. 좀 더 적극적인 의미의 공공미술을 실현하는 활동이었다.

이번에도 학생들은 핸드폰을 들고 나가 학교 곳곳을 돌아다니며 미적으로 개선되었으면 하는 공간의 사진을 찍었고, 교실로 돌아와 모둠으로 모여 앉아 모둠에서 선택한 공간을 어떻게 재구성할지 필름지 위에 스케치해 보고 프로젝트 기획서를 작성했다. 거창한 리모델링을 하지 않더라도 손쉽게 할 수 있는 작은 변화와 예술적 터치 하나만으로 충분히 분위기를 새롭게 연출할 수 있고 공간의 의미까지 바꿀 수 있었다.

그중 컬러는 가장 쉬우면서 빠르게 공간의 분위기를 바꿀 수 있는 요소였다. 한 모둠은 일반적인 나무색 교실 창문을 마치 산토리니를 연상시키는 듯한 산뜻한 블루톤의 페인트를 칠해 보았다. 색 하나만 바뀌었음에도 학생들은 창문을 바라볼 때면 여행을 떠난 듯 설레고 행복한 기분이 든다고 했다.

이번엔 교실의 구조를 좀 더 편리하게 변신시켜 본 사례가 있다. 우리 학교의 탈의실은 한 곳밖에 없어서 항상 붐벼서 학생들이 교실에서 급하게 옷을 갈아입기도 하였다. 그래서 한 모둠은 학교에서 사용하지 않는 사물함과 샤워 커튼을 활용하여 교실 뒤편 공간에 '가까운 탈의실'을 만들었다. 쉬는 시간에 멀리 있는 탈의실까지 가지 않아도 되니 시간적 여유가 생기고 빈공간도 채워져서 교실이 한층 더 아늑해졌다. 탈의실은 교실 창틀 색

도서관 공간 재구성
아이디어 스케치

산토리니 빛깔 창문
페인팅

'가장 가까운 탈의실'
조성

과 같은 밝은 블루컬러로 통일감을 더해 주었다.

5-2. 머물고 싶은 공간으로

외진 복도 끝, 조명이 어둡고 삭막한 공간이 있었다. 그 공간
에 예술적인 감각을 더해 시선이 가도록 하여 더 오래 머물고 싶
은 곳으로 변신시킨 모둠이 있었다. 인적이 드문 복도 벤치에 아
이스크림이 흘러내리고 있는 아슬아슬하면서 재치 있는 상황을
페인트로 그려 넣어 '흘러내리는 의자'라는 작품을 제작하였다.

그림 하나만 넣었을 뿐인데, 학생들이 모이기 시작했고 머물
고 싶은 공간이 되었다. 걸리적거리기만 하던 복도 기둥의 의미
를 바꾼 모둠도 있었다. '공사 중'이라는 푯말을 붙이고 학생들
은 기둥의 낡은 페인트를 벗겨내고 새롭게 단장시켰다. 기둥
4면을 모두 활용이 가능한 다용도 공간으로 변신시켜서 자유 낙
서판, 키를 잴 수 있는 곳, 공지 사항을 확인할 수 있는 공간으로
바꾸어 본 모둠도 있다.

하루가 다르게 키가 자라는 중학생들은 매일 같이 복도로 나와 키를 재며 즐거워했고, 자율 낙서판과 공지 게시판도 잘 활용되고 있다. 풋살장으로 나가던 빈 벽엔 푸른 하늘과 컬러풀한 풍선들로 영화의 한 장면을 벽화로 그린 팀도 있었다. 풋살장으로 뛰어 나가는 통로의 기능만 하던 벽이 학생들이 핸드폰을 들고 나와 사진을 찍는 포토존과 추억이 깃든 공간이 되었다.

비 오는 날, 급식실에 들어갔다 나올 때 우산이 섞여 찾지 못하거나 다른 사람의 우산을 가져가서 서로 불편했던 경험을 토대로 작품을 만든 모둠이 있다. 쓰레기통을 페인트로 칠해 우산꽂이를 만들고, 학년별로 다른 명찰 색을 이용하여 학년마다 다른 색의 우산을 그려 넣어 구분을 할 수 있게 했다. 학생들은 이제 우산이 섞이는 일이 적어져서 비 오는 날에도 쾌적한 점심 식사를 즐길 수 있게 되었다.

작은 미적 변화로 공간을 바꾸는 것은 단지 '공간에 작품을 그려 넣었다'에서 그치는 게 아니라 '공간이 갖는 의미' 자체를 바꾸는 일이 된 것이다.

5-3. 모형 제작으로 창의력 확장시키기

직접 개선하기 어려운 아이디어를 가진 모둠은 축소 모형을 제작하도록 하였다. 모형 제작에는 비교적 한계가 없어서 보다 창의적이고 획기적인 아이디어를 끌어낼 수 있었다.

'흘러내리는 의자' 활동 장면   '흘러내리는 의자' 활동 장면   '고마운 기둥' 활동 장면

'고마운 기둥' 학생 작품   '영화 같은 하루' 학생 작품   '학년별 우산꽂이' 학생 작품

　　도서관을 개선하기 위한 다양한 아이디어를 낸 모둠들이 있었는데, 그중 한 모둠은 '포근한 도서관'을 주제로 책장 아래 동굴처럼 들어가서 책을 볼 수 있는 구조를 만들어 도서관이 좀 더 편안한 공간이 되기를 바라는 마음을 표현하였다.

　　잘 사용되지 않는 유휴 공간을 찾아내어 상상력을 발휘해서 새로운 공간으로 재탄생시킨 작품들도 많았다. 한 팀은 풋살장 옆 빈공간을 활용하여 투명 터널을 만들고 아기자기한 정원으로 꾸민다면 볼거리가 많은 풋살장이 될 것이라고 이야기하였다. 강당 2층은 1년에 한두 번 사용할 정도로 사용 빈도가 낮은 곳인데 이곳을 '우리들의 아지트'이자 교내 문화 공간으로 만들면 좋

　　　　　　　　　　　생각 쑥! 역량 쑥! 교과연계 주제선택 수업 2

을 것 같다는 의견도 있었다. 계단 앞에 빔프로젝트만 설치하면 멋진 영화관이 될 것이고, 양옆 날개 공간을 활용하여 코인 노래방을 만들면 수업이 끝나도 떠나고 싶지 않은 학교가 될 것이라며 강당 2층을 획기적으로 바꾼 모형을 제작하였다.

'별 보러 갈래?'라는 주제로 시멘트만 칠해져 있고 출입 통제를 한 테라스 같은 공간을 별을 볼 수 있는 복층 카페로 만들자는 의견도 참신했다.

'일상을 바꾸는 공공미술 프로젝트'는 주체적으로 공간의 의미를 바꾸고, 예술로 공간의 새로운 가능성을 찾는 시간이었다. '여러분은 이제 공간의 주인입니다'라는 말에 학생들의 눈빛은 그 어느 때보다 빛나고 열정이 넘쳤으며, 교실 안과 밖을 오가며

'포근한 도서관' 학생 작품   '정원터널' 학생 작품

'별 보러 갈래?' 학생 작품   작품 '우리들의 아지트, 강당 2층' 학생 작품

프로젝트를 관리하는 어려움을 잊게 해 줄 만큼 교사인 나도 열정이 타올랐던 수업이었다.

6. Project 3 : 소통하는 공공미술

6-1. 공간을 바꾸는 힘

학생들이 '프로젝트 2'에서 제작한 작품을 활용하여 참여형 전시회를 기획하였다. 일상을 바꾸는 공공미술 스케치와 모형 제작 결과물을 함께 전시했는데, 전교생을 대상으로 작품에 대한 피드백을 받고 의견을 공유할 수 있는 참여 이벤트를 마련하였다. QR코드를 이용하여 감상평을 적고, 작품을 평가하고, 공공미술에 대한 다양한 의견들을 낼 수 있도록 하였다. 작품을 제작하지 않은 학생들도 작품을 눈으로만 보는 것이 아니라 작품에 참여하여 생각을 나누고 아이디어를 공유하며 함께 성장할 수 있는 계기를 마련한 것이다.

'공간을 바꾸는 힘' 전시회

생각 쑥! 역량 쑥! 교과연계 주제선택 수업 2

6-2. #소통 #공공미술_벽화 이벤트

더 많은 학생과 공공미술로 소통하는 방법으로, SNS를 활용한 벽화 포토존 이벤트도 개최하였다. SNS에 올라간 사진을 보고 공감하는 것이 익숙한 학생들에게 접근하기 위하여 프로젝트 1·2에서 제작한 벽화를 배경으로 친구들과 함께 사진을 찍고 해시태그와 계정 언급 기능을 활용하여 공공미술 프로젝트를 공유하는 이벤트였다.

학생들과 함께 포스터를 제작하고 SNS에 올라온 사진과 반응을 확인하는 과정에서 학생들은 예술로 소통하고 나누는 즐거움을 느낄 수 있었다고 말했다. 넓은 의미로서의 공공미술, 즉 대중과 소통하고 대중이 참여하는 공공미술이 실천되는 순간이었다.

7. 왜 공공미술이었나

평소 학교생활을 하면서 그리고 우리 주변을 둘러보았을 때, 여기에 미술 작품이 있었으면 좋겠다고 생각했던 공간들이 많았어요. 우리가 이런 공간들에 조금 더 관심을 두고 활용할 방안을 찾는다면 지금보다 좀 더 행복한 삶을 만들 수 있다고 생각해요. '공공미술, 학교로 오다' 수업은 우리가 공간을 직접 찾고 스스로의 힘으로 삶의 공간을 예술적으로 바꾸어나갈 수 있는 가능성을 찾는 시간이었어요. – 장〇〇 학생

올해로 교직 10년 차이지만 아직도 공공미술 수업은 큰마음 먹고 시작해야 할 정도 쉽지 않은 수업이며 학교의 여러 사정과 맞물려 시작조차 어려울 때도 있다. 이러한 복잡한 과정에도 공공미술 수업은 도전하고 싶은 수업이고, 학생들이 학창 시절에 꼭 한 번은 체험하게 해 주고 싶은 활동이다.

공공미술은 그 어느 미술 수업보다 역동적이며, 미술로 공유하고 나누는 즐거움을 가져다주고, '삶'의 공간에서 직접 만날 수 있는 생생하고 감동적인 배움을 주기 때문이다.

훌륭한 업적은 함께 일구어 낸 작은 것들의 연속으로 이루어진다. ─빈센트 반 고흐 .

생각 쑥! 역량 쑥! 교과연계 주제선택 수업 2